THÉORIE

DES

EMPRUNTS REMBOURSABLES

PAR ANNUITÉS.

QUESTIONS PRATIQUES.

Par Ch. ROUGET,

INSPECTEUR DES FINANCES.

PARIS,

GAUTHIER-VILLARS, IMPRIMEUR-LIBRAIRE

DU BUREAU DES LONGITUDES, DE L'ÉCOLE IMPÉRIALE POLYTECHNIQUE,

SUCCESSEUR DE MALLET-BACHELIER,

Quai des Augustins, 55.

1868

THÉORIE

DES

EMPRUNTS REMBOURSABLES

PAR ANNUITÉS.

QUESTIONS PRATIQUES.

PARIS. — IMPRIMERIE DE GAUTHIER-VILLARS,

RUE DE SEINE-SAINT-GERMAIN, 10, PRÈS L'INSTITUT.

THÉORIE

DES

EMPRUNTS REMBOURSABLES

PAR ANNUITÉS.

QUESTIONS PRATIQUES.

Par Ch. ROUGET,

INSPECTEUR DES FINANCES.

PARIS,

GAUTHIER-VILLARS, IMPRIMEUR-LIBRAIRE

DU BUREAU DES LONGITUDES, DE L'ÉCOLE IMPÉRIALE POLYTECHNIQUE,

SUCCESSEUR DE MALLET-BACHELIER,

Quai des Augustins, 55.

1868

PRÉFACE.

L'emploi du système des emprunts remboursables par annuités a pris de nos jours une extension considérable : il ne pouvait en être autrement; l'annuité comporte, en même temps que le service des intérêts, le remboursement par à-compte du capital emprunté; or les remboursements par à-compte peuvent se prélever sur les fruits ou les produits d'une entreprise quelconque. Ils sont donc beaucoup plus faciles à opérer que celui du capital entier, à plus forte raison quand le capital emprunté a été *aliéné*, c'est-à-dire converti en travaux, matériel ou outillage, ce qui arrive pour la plupart des emprunts contractés par les Sociétés industrielles.

La détermination précise de l'annuité à payer pendant un temps donné, pour amortir un capital emprunté à un taux d'intérêt déterminé, est une opération algébrique assez simple : on a construit des tables à cet effet. Mais il s'est introduit dans la pratique des modifications destinées à stimuler l'empressement des bailleurs de fonds, notamment le payement semestriel des intérêts, tandis que l'amortissement reste annuel. Au point de vue du calcul du *prix de revient* annuel de l'emprunt pour la Société financière qui emprunte, cette modification n'est nullement à négliger et nécessite une recherche nouvelle à faire. De plus, toujours dans le même but, les grandes Compagnies ont inauguré ce que l'on appelle *les obligations,* c'est-à-dire le fractionnement du capital de l'emprunt en un grand nombre de parts offertes au crédit individuel; ces parts sont définies par un chiffre *nominal,* ou de remboursement, mais elles sont émises pour une somme beaucoup moins élevée : la différence constitue la *prime de remboursement.*

L'ensemble du produit des obligations au chiffre de l'émission constitue le *capital réalisé;* l'ensemble du produit des obligations au chiffre de remboursement constitue le *capital nominal.*

On comprend que le calcul de l'amortissement doive s'effectuer sur le capital nominal, puisque c'est lui qui doit être remboursé aux bailleurs de fonds; quant au prix de revient annuel, il est clair qu'il doit s'établir au moyen du capital réalisé et de la somme réellement dépensée pour payer chaque année aux prêteurs ce qui leur a été promis.

Or le payement semestriel des intérêts, fait par la Société qui a emprunté, coûte quelque chose à cette Société, puisqu'elle est obligée de faire une avance qu'elle ne ferait pas dans le cas du payement annuel. On reconnaît de plus, à première vue, que cette avance, qui ne porte que sur les intérêts, est décroissante d'année en année à mesure que l'amortissement s'accomplit; le prix de revient annuel ne peut donc être constant. Là précisément est la difficulté : il s'agit d'interpréter convenablement les payements faits aux prêteurs pour en déduire un *prix de revient unique,* qui, appliqué pendant toute la durée de l'opération, donne des résultats parfaitement exacts.

On doit remarquer qu'il est indispensable de connaître le chiffre du capital réalisé, déduction faite de tous frais de négociation, avant d'entreprendre aucun calcul de prix de revient annuel. Et, comme le tableau des payements promis aux porteurs d'obligations doit précéder l'émission, puisqu'il est une des conditions du contrat, il convient de séparer nettement les deux calculs qui se rapportent, soit au tableau d'intérêts et amortissement, soit à la détermination du prix de revient annuel, au point de vue duquel il n'y a que des payements dont la nature est indifférente.

On voit encore qu'il n'est pas possible de dresser des tables pouvant offrir un certain caractère de généralité en raison de l'extrême diversité des cas qui peuvent se produire; on en trouvera néanmoins un exemple aux *Annexes* pour les emprunts des Compagnies de chemins de fer : ces résultats pourront servir de première approximation dans les cas particuliers qu'ils embrassent.

Certaines Compagnies financières ont évité en partie la difficulté dont il vient d'être parlé en rendant l'amortissement également semestriel, en même temps que le payement des intérêts. Alors, dans ce cas, l'annuité réellement payée aux bailleurs de fonds chaque année reste constante; seulement il ne faut pas perdre de vue qu'il faut ajouter à la somme des deux payements semestriels le coût du prix de revient pendant six mois du premier payement, à un taux déterminé d'une manière rationnelle, si l'on veut se rendre compte du prix de revient annuel de l'opération.

Mon but a été de présenter sur ces difficultés nouvelles, qui s'imposent dans la pratique, quelques explications et quelques méthodes de calcul aussi simplifiées que possible, dans des questions purement algébriques.

Ce travail est divisé en deux Parties : dans la première j'ai évité de donner le détail des calculs numériques et la plupart des démonstrations nécessaires pour l'établissement des formules; le tout a été renvoyé dans la seconde Partie intitulée *Annexes*.

J'ai partagé la première Partie en trois Chapitres :

1° Détermination des sommes à payer aux prêteurs ;

2° Détermination du prix de revient annuel de l'opération au point de vue des emprunteurs ;

3° Situation d'une entreprise au point de vue des emprunteurs à l'issue d'une courte période improductive, dite *de premier établissement*.

Peut-être trouvera-t-on que les détails abondent : je dois dire que la question est difficile, complexe et peu attrayante; c'est un fait que j'ai constaté par ma propre expérience, mais son étude m'a paru présenter quelque utilité.

THÉORIE

EMPRUNTS REMBOURSABLES

PAR ANNUITÉS.

QUESTIONS PRATIQUES.

PREMIÈRE PARTIE.

CHAPITRE I.

DÉTERMINATION DES SOMMES A PAYER AUX PRÊTEURS.

Lorsqu'on emprunte un capital à un taux déterminé d'intérêt, on peut toujours stipuler qu'il sera permis de rembourser le capital par parties ou *à comptes;* c'est ce qu'on appelle amortir une dette : lors d'un payement partiel, tout ce qui excède les intérêts échus doit s'imputer en remboursement du capital et l'*amortir*, c'est-à-dire l'empêcher, pour la partie remboursée, de produire de nouveaux fruits.

Il y a donc une infinité de manières de régler un amortissement. On peut y consacrer chaque année une somme fixe : alors les intérêts dus sur la portion non amortie du capital deviennent décroissants; le débiteur se trouve payer en définitive, pour l'amortissement et le service des intérêts, une somme décroissante d'année en année. On peut se proposer, notamment, d'avoir à payer chaque année une somme invariable pour les intérêts et l'amortissement, de façon à ce que la diminution des premiers laisse une somme de plus en plus élevée pour la part de l'amortissement : c'est ce que l'on a appelé le *système des annuités.*

(2)

Les *annuités* sont donc des sommes égales payées pendant un certain temps
à la fin d'une période fixe, qui est généralement l'année, et qui doivent repré-
senter exactement, en capital et intérêts, une somme plus grande que l'on a
primitivement empruntée, et dont elles opèrent le remboursement.

Donc, dans ce cas spécial des annuités, il s'établira une relation nécessaire
entre le taux d'intérêt et l'amortissement, motivée par la condition d'une
somme fixe annuelle à payer pour les intérêts et l'amortissement.

Supposons maintenant qu'après avoir fait un calcul de ce genre sur un
capital donné, avec un taux d'intérêt et un temps déterminés, le capital seul
vienne à changer, à diminuer par exemple; supposons également que les circonstances obligent à rembourser le capital primitif, et qu'on ne veuille pas
recommencer le calcul, qu'arrivera-t-il?

Au bout du temps donné, l'amortissement aura eu son effet, puisqu'on
aura réellement remboursé le capital primitif; seulement, les intérêts que
l'on aura servis ressortiront à un taux plus élevé, puisque les sommes à payer
comme intérêts sont également restées les mêmes, quoiqu'il s'agisse d'un
capital moindre effectivement livré par les prêteurs. Nous y reviendrons.

On voit que le problème des annuités n'est qu'un cas particulier de celui
qui sert à transformer un mode de libération d'une ou plusieurs dettes en un
autre mode de libération où les échéances des payements et leurs quotités
ne sont plus les mêmes.

Dans le cas des annuités, comme dans le cas général, on doit rapporter à
une époque déterminée (ordinairement la fin de l'opération), et à intérêts
composés, le montant de l'emprunt d'une part, de l'autre chaque payement
d'après sa date, et, par définition, les deux résultats doivent être égaux : de
là l'équation.

Soit A le capital emprunté, soit i l'intérêt de 1 franc par an, et a l'annuité;
enfin soit t la durée de l'opération.

Au bout de la première année, les intérêts produits par le capital A sont Ai;
ce capital devient donc $A + Ai = A(1 + i)$.

Au bout de la seconde année, les intérêts produits par ce second état du
capital sont $A(1 + i)i$; il devient donc $A(1 + i) + A(1 + i)i = A(1 + i)^2$,
et, en général, au bout de t années, en continuant le raisonnement d'année
en année, le capital devient $A(1 + i)^t$.

En appliquant ce mode de calcul à chacun des payements faits, on obtient
l'équation

$$A(1 + i)^t = a(1 + i)^{t-1} + a(1 + i)^{t-2} + \ldots + a;$$

en faisant dans le second membre la somme de la progression géométrique, dont la raison est $(1 + i)$, on obtient la formule

$$A(1 + i)^t = a\left[\frac{(1+i)^t - 1}{i}\right]$$

ou

(1)
$$a = \frac{A\,i(1 + i)^t}{(1 + i)^t - 1}.$$

L'équation primitive peut se mettre sous une autre forme très-remarquable, et dont il sera fait usage dans la suite de ce travail. Si l'on passe tous les termes dans le premier membre, on peut écrire

(2)
$$\left(\left|\left\{[A(1 + i) - a](1 + i) - a\right\}(1 + i)\right| - a\right)(1 + i)\ldots - a = 0.$$

On voit, en effet, que la quantité A sera multipliée t fois par le facteur $(1 + i)$, et que chaque quantité a suivante sera multipliée par le même facteur un nombre de fois qui décroît régulièrement d'une unité de la précédente à la suivante : on reproduit donc bien l'équation du problème.

Ce mode de transformation est général dans toutes les questions que nous allons avoir à traiter ; tous les payements seront rapportés à la fin de la période que comporte l'opération ; ils auront donc un multiplicateur affecté d'un exposant décroissant, puisqu'ils sont successifs et nécessairement postérieurs à l'emprunt lui-même. Il y a donc là un moyen de vérification aussi sûr que pratique, destiné à contrôler les calculs faits au moyen de logarithmes, calculs qui donnent nécessairement des résultats approchés, du moins avec les Tables ordinaires. On peut même dire que, sans l'extrême longueur des opérations, ce moyen suffirait seul à déterminer l'annuité, puisque par des essais suffisamment multipliés et par des suppositions successives on pourrait trouver le chiffre convenable pour arriver au reste indiqué par la question, le taux d'intérêt, le temps et le capital emprunté étant connus. Il en serait de même dans toutes les combinaisons que l'on peut faire sur ces grandeurs, trois d'entre elles étant données pour déterminer la quatrième.

Que représente cette équation sous cette nouvelle forme? Elle représente ce qui se passe dans la pratique : l'emprunteur doit faire produire au capital emprunté, ou à ce qui lui en reste à une époque donnée, au moins des intérêts au taux i pour 1 franc, et les y ajouter chaque année avant d'opérer son payement ; à cette condition, au bout du temps t, il ne lui restera rien entre les mains, l'amortissement se sera opéré par la restitution du capital lui-même.

On trouvera aux Annexes (n° **1**) un exemple numérique du calcul ordinaire d'une annuité, suivi du tableau dont il vient d'être parlé, et qui est la preuve de l'opération.

Il peut être intéressant de savoir quelle est chaque année, dans l'annuité payée au créancier, la portion consacrée soit aux intérêts, soit à l'amortissement. Il est clair que, puisque l'on amortit, le capital diminue; donc, l'annuité étant constante et les intérêts diminuant avec le capital, la portion consacrée à l'amortissement augmente.

Désignons par a_1, a_2,..., a_t l'amortissement payé chaque année; on pourra écrire les équations suivantes :

	Intérêts.	Amortissement.
1re année...	$A i$	$+ a_1 = a,$
2e année.........	$(A - a_1) i$	$+ a_2 = a,$
3e année.	$[A - (a_1 + a_2)] i$	$+ a_3 = a,$
....		
$t^{ième}$ année..	$[A - (a_1 + a_2 + ... + a_{t-1})] i + a_t = a.$	

On en tire, par substitutions suscessives (*),

$$a_1 = (a - A i) \times 1 = \frac{a}{(1 + i)^t},$$

$$a_2 = (a - A i)(1 + i) = \frac{a}{(1 + i)^{t-1}},$$

$$a_3 = (a - A i)(1 + i)^2 = \frac{a}{(1 + i)^{t-2}},$$

$$\cdots\cdots\cdots\cdots\cdots\cdots\cdots,$$

$$a_t = (a - A i)(1 + i)^{t-1} = \frac{a}{1 + i}.$$

$$S_a = (a - A i) \frac{[(1 + i)^t - 1]}{i} = (a - A i) \frac{A}{a - A i} = A.$$

Par contre, les intérêts payés chaque année diminuent; il suffit, pour les former, de déduire de l'annuité les valeurs de l'amortissement que nous

---

(*) *Voir les Calculs,* Annexe n° **2**.

venons de déterminer. En appelant $i_1, i_2, i_3, \ldots, i_t$ ces intérêts, on obtient

$$i_1 = a - a_1 = a - (a - Ai),$$
$$i_2 = a - a_2 = a - (a - Ai)(1 + i),$$
$$i_3 = a - a_3 = a - (a - Ai)(1 + i)^2,$$
$$\ldots\ldots\ldots\ldots\ldots\ldots\ldots\ldots\ldots\ldots\ldots\ldots$$
$$i_t = a - a_t = a - (a - Ai)(1 + i)^{t-1}.$$

$$S_i = ta - (a - Ai)\frac{[(1 + i)^t - 1]}{i} = ta - A.$$

Nous nous servirons de ces formules dans la suite de ce travail.

C'est sur ces données qu'ont été calculées les Tables de Violeine, qui sont fort exactes et très-suffisantes pour déterminer, dans la pratique, les sommes dues aux prêteurs; mais, au point de vue des *emprunteurs*, quand il s'agit de déterminer le coût annuel du service qu'ils reçoivent, il y a une difficulté : c'est qu'on ne réalise pas ordinairement le *capital nominal* qui a servi de base aux calculs, et d'après lequel ont été constatées les sommes dues aux prêteurs.

Tantôt les emprunts comprennent des lots, tantôt des primes de remboursement. Généralement, maintenant que l'on a reconnu la puissance du crédit individuel, on divise le capital en un grand nombre de parts appelées *obligations* : ces obligations sont émises à un taux notablement inférieur au taux *nominal* ou de remboursement; c'est une véritable *remise à l'émission* qu'on désigne aussi sous le nom de *prime de remboursement*.

Enfin, l'usage s'est établi de faire par semestre le payement des intérêts au lieu de ne payer qu'une fois pas an : toutes ces causes apportent d'assez grandes difficultés pour la détermination du taux annuel de l'opération pour les emprunteurs, le *prix de revient*.

Avant tout, il importe de faire une grande distinction entre les emprunts à *capital non aliéné* et ceux à *capital aliéné*. Voici ce qu'il faut entendre par ces dénominations :

Une maison de banque ou de commerce, dont le fonds de roulement se renouvelle sans cesse, a besoin d'étendre ses opérations; elle fait un emprunt remboursable par annuités, pour dix ans par exemple; mais elle compte rendre aux prêteurs le *capital lui-même*. C'est l'opération ordinairement indiquée par la formule des annuités et décrite à l'Annexe n° 1. Ici, l'amortissement ne coûte rien quand le capital nominal a été encaissé en entier, puisqu'on le rend en nature, il ne coûte qu'une différence, celle du *capital encaissé* au *capital nominal*, lorsqu'il y a une perte à l'émission. Quant au service des intérêts, il est nécessairement décroissant d'année en année, puisqu'il ne porte que sur la portion du capital restée aux mains de l'emprunteur. Voilà l'emprunt à *capital non aliéné*.

Une Société industrielle fait un emprunt pour la construction ou l'outillage d'une usine, la mise en exploitation de mines, ou la construction d'un chemin de fer; une ville ou un État empruntent pour exécuter des travaux publics, etc. : là le capital est *aliéné*, c'est-à-dire converti en travaux; il ne peut plus être rendu en nature; il doit rester acquis à la Société qui a emprunté; mais alors elle est obligée de faire face avec ses revenus ou ses propres ressources au service des annuités; le coût en est donc à sa charge entièrement, n'eût-elle éprouvé aucune perte à l'émission. Voilà l'emprunt à *capital aliéné*. On voit que, en général, dans ce cas, le service des intérêts et de l'amortissement doit être fait au moyen des fruits ou revenus; à leur défaut, au moyen de l'emprunt lui-même ou d'emprunts consécutifs.

Une Société de crédit se procure des capitaux au moyen d'emprunts remboursables par annuités; elle prête ensuite ces capitaux sur un gage quelconque à des personnes qui s'obligent à la rembourser également par annuités. Ici, si les deux opérations ont lieu dans des conditions identiques, la Société de crédit n'a rien à débourser de ses ressources propres, puisqu'elle reçoit d'un côté en intérêts et amortissement ce qu'elle doit payer de l'autre. Son bénéfice consiste dans les frais d'administration prélevés et dans la différence qui doit exister à son profit dans les conditions du prêt qu'elle fait avec celles de l'emprunt qu'elle a contracté.

En vue des éventualités de retard dans les payements à faire par les emprunteurs sur gage, ces différences seraient très-légitimes; car le créancier d'une Société de crédit attend difficilement après l'échéance le payement de ce qui lui est dû; et le débiteur, même de bonne foi, n'est pas toujours en mesure de payer à l'arrivée du terme. Quant aux formalités judiciaires d'exécution, elles sont très-onéreuses et nullement pratiques; pendant ce temps-là, la capitalisation des intérêts n'attend personne.

Il y a, de plus, une certaine marge à laisser entre les chiffres des tables calculés pour les prêts sur gage, et ceux qui résultent des cours d'émission des emprunts; car les fluctuations de ces derniers pourraient obliger à remanier constamment les tables précitées.

En réalité, dans ce cas complexe, on peut dire qu'il y a deux opérations distinctes : l'emprunt fait par la Société de crédit est à capital *non aliéné*, puisqu'il lui est remboursé en intérêts et amortissement ; quant à celui fait par ceux qui donnent le gage, sa nature dépend de l'emploi qu'ils font de l'argent reçu.

Constatons de nouveau que, dans le cas des emprunts à *capital aliéné*, la somme encaissée doit rester à la fin de l'opération dans l'actif de la Société industrielle.

Nous examinerons successivement :

1° Les emprunts remboursables par annuités, à un seul payement annuel:

2° Les emprunts remboursables par annuités comportant deux ou plusieurs payements annuels ; et, dans chacun de ces deux cas, il faudra distinguer les emprunts à capital *non aliéné* et les emprunts à capital *aliéné*.

Avant d'aller plus loin, et pour n'y plus revenir : j'ai parlé de la division du capital de l'emprunt en petites coupures appelées *obligations*.

Soit O le chiffre nominal ou de remboursement de ces obligations et N leur nombre, on a

$$A = NO.$$

Soient maintenant n_1, n_2, n_3,..., n_t le nombre de ces obligations à rembourser chaque année ; on voit immédiatement que ces quantités s'obtiennent en posant les égalités suivantes qui résultent des valeurs de l'amortissement par années déterminées ci-dessus : on a

$$n_1 O = a_1 = a - A i, \qquad \text{d'où} \quad n_1 = \frac{a - A i}{O} \times 1,$$

$$n_2 O = a_2 = (a - A i)(1 + i), \qquad \text{d'où} \quad n_2 = \frac{a - A i}{O}(1 + i),$$

$$\dots\dots\dots\dots\dots\dots\dots\dots\dots\dots\dots\dots\dots\dots,$$

$$n_t O = a_t = (a - A i)(1 + i)^{t-1}, \qquad \text{d'où} \quad n_t = \frac{a - A i}{O}(1 + i)^{t-1}.$$

On prend dans la pratique le plus grand nombre entier contenu dans la fonction, et on s'écarte très-peu de la vérité, eu égard au peu de valeur de l'obligation O par rapport à l'annuité *a* et au capital A.

On voit que les nombres successifs d'obligations à rembourser constituent à très-peu près une progression géométrique dont la raison est $1 + i$; leur somme doit donner N. En effet, on a

$$S_n = \frac{a - A i}{O}\left[\frac{(1 + i)^t - 1}{i}\right] = \frac{a - A i}{O} \cdot \frac{A}{a - A i} = \frac{NO}{O} = N,$$

comme ci-dessus.

C'est ainsi que se calculent les nombres inscrits au verso des titres émis et qui indiquent le nombre des obligations à rembourser pour une année donnée ; en y joignant les intérêts annuels, on obtient ce que nous avons appelé *sommes à payer* aux prêteurs.

Dans les emprunts où l'on ajoute des lots, la somme annuelle qui les constitue doit être ajoutée à l'annuité, et, s'ils sont payables à plusieurs époques, il faut leur conserver la date du payement, ainsi qu'on le verra ci-après, quand on voudra se rendre compte exactement du prix de revient annuel de l'opération au point de vue des emprunteurs.

CHAPITRE II.

DÉTERMINATION DU PRIX DE REVIENT ANNUEL DE L'OPÉRATION AU POINT DE VUE DES EMPRUNTEURS.

Je supposerai dorénavant qu'il y a une perte ou remise à l'émission, ce qui constitue la prime de remboursement, le cas contraire se rencontrant peu dans la pratique et ne présentant d'ailleurs aucune difficulté.

§ I. — *Emprunts à un seul payement annuel.*

ARTICLE 1er. *Emprunts à capital non aliéné.* — Je continuerai l'exemple pris dans le Chapitre 1er (Annexe n° 1) : je suppose que le capital de 100 000 francs ne produise à l'émission que 80 000 francs. Posons

$$C = 80\,000^{fr}.$$

Voici le Problème : *On a, d'une part, un capital déterminé C que l'on reçoit ; de l'autre, des payements également déterminés et promis aux créanciers à des échéances fixes :* il faut déterminer la valeur d'un taux I, tel que l'on ait

$$C(1 + I)^t = a(1 + I)^{t-1} + a(1 + I)^{t-2} + \ldots + a = a\left[\frac{(1 + I)^t - 1}{I}\right],$$

c'est-à-dire

$$(3) \qquad\qquad (1 + I)^t(a - CI) = a,$$

ou bien, en employant la forme déjà citée

$$\left(\left|\left\{[C(1+I)-a](1+I)-a\right\}(1+I)-a\right|(1+I)-a\right)\ldots-a=0.$$

Cette dernière équation servira à vérifier la valeur trouvée de I.

L'équation (3) paraît compliquée; mais avec un peu de patience, en procédant avec méthode au moyen de substitutions successives, on arrivera assez promptement à trouver la valeur de I avec l'approximation désirable.

Remarquons d'abord, que, dans la plupart des cas, il suffira aux emprunteurs de connaître les deux ou trois premiers chiffres du taux ou *prix de revient annuel*, car en forçant légèrement la limite connue de l'erreur, ils seront assurés de faire les réserves suffisantes au service de l'emprunt.

Dans tous les cas, la méthode suivante est générale, et en employant au besoin les logarithmes à plus de sept décimales, on pourra pousser l'approximation aussi loin que cela sera nécessaire.

On se basera pour cela sur la règle appelée en arithmétique *règle de fausse position*, qui n'est au fond autre chose qu'un des modes employés dans la théorie générale des équations pour la détermination numérique des racines; elle consiste à faire d'abord deux hypothèses sur la valeur inconnue et à en déduire les résultats correspondants. La vraie valeur de I devrait donner le résultat connu a.

On prendra alors la différence des deux valeurs supposées de l'inconnue entre elles; puis ensuite on écrira algébriquement la différence de l'une d'elles avec le nombre I. Enfin, on prendra la différence entre les résultats obtenus, puis la différence de l'un d'eux avec le résultat à atteindre a, on fera une proportion entre ces quatre quantités, on en déduira une valeur plus approchée que les autres, que l'on substituera à son tour dans la fonction.

En continuant ainsi, on convergera assez rapidement vers la valeur inconnue de I. Je ne puis que renvoyer le lecteur, pour la théorie de cette règle, à une excellente brochure de M. J. Guilloud intitulée : *Théorie générale des approximations numériques*, p. 64.

Cette règle est universellement applicable à tous les problèmes les plus compliqués; elle est fondée sur ce fait que le rapport des accroissements d'une fonction aux accroissements de la variable dont elle dépend est constant pour les équations du premier degré, et à peu près constant pour les équations des degrés supérieurs, lorsque les différences sont très-petites; son usage est très-utile et devrait être plus répandu.

On trouvera aux Annexes (n° 3) le tableau de l'opération et la vérification du chiffre trouvé au moyen des décomptes annuels (n° 4).

Ici, comme je l'ai déjà dit, la quantité I comprend, outre les intérêts dus au taux nouveau, l'amortissement de la différence entre le capital nominal et le capital réalisé, puisque n'ayant reçu que 80 000 francs, on trouve le moyen d'en rembourser 100 000.

Article 2. *Emprunts à capital aliéné.* — Ici le problème est très-simple, quelle que soit la réduction à l'émission sur le capital nominal. Les emprunteurs ayant à servir chaque année, sans toucher au capital encaissé, la totalité de l'annuité due, le *prix de revient* en intérêt et amortissement s'obtient en divisant l'annuité par le capital encaissé, c'est-à-dire qu'il faudra faire produire à ce capital au moins les intérêts et amortissement ainsi déterminés, ou pourvoir par d'autre ressources à l'acquittement des annuités.

Algébriquement, cela revient à écrire que les annuités capitalisées au taux I jusqu'à la fin de l'opération ne doivent correspondre qu'aux intérêts composés *seuls* du capital encaissé, et non plus à ce capital accru de ses intérêts composés, on doit avoir :

$$C(1 + I)^t - C = a[(1 + I)^{t-1} + (1 + I)^{t-2} + \ldots + 1],$$

$$C[(1 + I)^t - 1] = a\frac{[(1 + I)^t - 1]}{I},$$

$$C = \frac{a}{I},$$

d'où

$$I = \frac{a}{C}.$$

Il n'est pas nécessaire de dresser le tableau des payements, l'opération se balançant chaque année en recette et en dépense.

§ II. — *Emprunts à plusieurs payements annuels.*

Il importe tout d'abord de bien établir ce que l'on entend par *intérêt composé.*

La loi a qualifié de *fruits civils* les revenus que l'on tire de toute propriété ou droits quelconques; les fruits civils s'acquièrent jour par jour.

Lorsque ces fruits proviennent d'un capital, ils portent le nom d'*intérêts.*

L'intérêt simple ne s'ajoute jamais au capital pour produire de nouveaux intérêts lui-même, à moins de convention spéciale entre les parties.

L'intérêt composé, au contraire, s'ajoute à *chaque instant* au capital, c'est-à-dire jour par jour au point de vue légal ci-dessus défini ; seulement, comme cette définition ne suffit pas, on indique dans le langage la quantité dont le capital s'est accru après l'unité de temps (ordinairement l'année); ainsi, dire qu'un capital est placé à intérêt composé à 5 pour 100 par an, cela signifie qu'à la fin de l'année le capital augmente du vingtième; mais cela ne veut pas dire que ce n'est qu'à la fin de l'année que le capital primitif s'accroit en une seule fois de son vingtième. Il s'est accru jour par jour d'après la loi mathématique que nous allons expliquer.

Nous avons rappelé au commencement de ce travail que, pour avoir l'expression du capital A, accru de ses intérêts composés au taux de i pour 1 franc au bout de t unités de temps, on devait prendre $A (1 + i)^t$.

Cette expression est vraie, quelle que soit la durée du temps choisi pour unité, à la condition que i représente toujours la quantité dont s'accroit 1 franc à l'expiration de l'une de ces unités.

Supposons maintenant que l'unité de temps soit fixée, que l'on ait assigné, en outre, la valeur de i qui est le complément de la définition de l'intérêt composé, et que l'on veuille savoir ce qu'est devenu le capital, avant l'expiration de la première unité de temps, c'est-à-dire à l'expiration d'une partie de cette unité : prenons l'année pour fixer les idées. A la fin de l'année, le capital devient $A (1 + i)$; mais au bout des six premiers mois, par exemple, quel était-il?

Concevons l'année partagée en deux parties; nécessairement le capital ne peut pas s'accroître au bout de six mois dans une aussi grande proportion qu'au bout de l'année; appelons i_2 cette partie aliquote inconnue : le capital sera donc au bout de six mois par définition $A (1 + i_2)$; au bout de deux fois, cette nouvelle unité de temps choisie (soit au bout de l'année) il devient $A (1 + i_2)^2$, et l'on doit avoir le même résultat qu'auparavant. Donc

$$A (1 + i_2)^2 = A (1 + i),$$

c'est-à-dire que $(1 + i_2)^2 = 1 + i$, et, en extrayant la racine carrée,

$$1 + i_2 = (1 + i)^{\frac{1}{2}}.$$

Donc on peut garder la notation i qui se rapporte à l'année entière, à la condition de prendre l'exposant $\frac{1}{2}$, et adopter, pour la valeur du capital au bout de la moitié de l'année, $A(1+i)^{\frac{1}{2}}$.

Il en serait de même pour toute autre fraction de l'année, $\frac{1}{p}$ par exemple : en appelant i_p la quantité qui exprime l'augmentation de 1 franc, au bout de la nouvelle unité de temps, qui est la $p^{ième}$ partie de l'année, à l'expiration de cette nouvelle unité, le capital est devenu $A(1+i_p)$; après l'expiration de deux de ces unités nouvelles, il est devenu $A(1+i_p)^2$, et, après p unités ou l'année, $A(1+i_p)^p = A(1+i)$ comme ci-dessus; d'où

$$(1+i_p)^p = 1+i \quad \text{et} \quad 1+i_p = (1+i)^{\frac{1}{p}},$$

ou la racine $p^{ième}$, ce qui est la même chose. Donc il suffit de prendre comme exposant la fraction qui exprime le temps écoulé, en conservant la notation de l'accroissement de 1 franc pour l'année entière ou l'unité primitive : c'est ce que l'on appelle l'*exposant fractionnaire*.

Au siècle dernier, d'Alembert, dans deux articles de l'*Encyclopédie méthodique*, aux mots *Arrérages* et *Intérêts*, a beaucoup insisté sur la différence qui existe dans la génération de ces deux fonctions du capital qu'on appelle *intérêts simples* et *intérêts composés;* il fait remarquer que, si l'intérêt composé est plus défavorable à l'emprunteur pour le cas d'un multiple exact de l'unité de temps, il lui est au contraire plus favorable quand il s'agit d'une fraction de cette unité de temps; en d'autres termes, en prenant la notation ci-dessus que $i_p < \dfrac{i}{p}$.

Avant d'employer les formules de démonstration, on peut remarquer, en comparant un taux annuel déterminé, 5 pour 100 par exemple, soit pour l'intérêt simple, soit pour l'intérêt composé, que l'intérêt simple donnerait $2\frac{1}{2}$ pour 100 au bout de six mois, et que l'intérêt composé ne pourrait donner $2\frac{1}{2}$ au bout de la même période; car, dans la seconde moitié de l'année, la composition des intérêts des six premiers mois, accrue des intérêts pendant les six derniers mois, donnerait pour l'année plus de 5 pour 100, ce qui est contre l'hypothèse. Posons

$$\frac{i}{p} \gtrless i_p,$$

cela revient à

$$1 + \frac{i}{p} \gtrless 1 + i_p;$$

élevons à la puissance p

$$\left(1+\frac{i}{p}\right)^{p} \gtrless (1+i_p)^p = 1+i;$$

Il suffit donc de voir si

$$\left(1+\frac{i}{p}\right)^{p} \gtrless 1+i;$$

mais le premier membre développé par la formule du binôme donne

$$1+p\frac{i}{p}+\frac{p(p-1)}{1.2}\frac{i^2}{p^2}+\ldots, \quad \text{c'est-à-dire} \quad 1+i+K,$$

la lettre K désignant un ensemble de termes positifs. Donc le premier membre est plus grand que le second ; donc

$$\frac{i}{p} > i_p, \quad \text{c. q. f. d.}$$

D'Alembert ajoute qu'il n'y a aucune bonne raison à donner pour mêler dans une même question les deux sortes d'intérêts, et que, lorsqu'il s'agit d'intérêts composés, si le temps écoulé est une fraction de l'unité de temps, ou un multiple de cette unité augmenté d'une fraction, il convient d'employer l'exposant fractionnaire, et non de prendre l'intérêt simple pour la fraction de l'unité de temps; car alors on prend une quantité plus forte que celle que comporte la fonction.

Cette démonstration était nécessaire; voici pourquoi.

L'article 1154 du Code civil est ainsi conçu :

« Les intérêts échus des capitaux peuvent produire des intérêts, ou par une demande judiciaire, ou par une convention spéciale, pourvu que, soit dans la demande, soit dans la convention, il s'agisse d'intérêts dus au moins pour une année entière. »

A première vue, on peut croire que le Code civil proscrit l'intérêt composé pour un délai moindre qu'une année, puisqu'il exige précisément au moins une année écoulée pour la capitalisation des intérêts.

Il y a là une confusion : le Code civil proscrit la capitalisation ou la composition des *intérêts simples*, pour un délai moindre que l'année, et cela en vue des lois sur l'usure; mais comment pourrait-il proscrire l'*intérêt composé* tel que nous venons de le définir, puisqu'il est moindre que l'intérêt simple pour toute période plus courte que l'année?

Sans doute, dans les conventions ordinaires on est bien libre de déroger à une loi algébrique qui n'est que la traduction d'une fonction continue, on est bien libre d'évaluer l'intérêt pour la fraction d'unité de temps qui excède le nombre entier d'unités comme intérêt ordinaire; c'est ce que l'on indique même dans quelques traités de problèmes algébriques; mais, quand il s'agit d'arriver à des résultats donnés d'avance comme dans les questions qui vont suivre, il devient indispensable d'employer l'exposant fractionnaire.

Avant d'aller plus loin, il convient encore de répondre à une objection spécieuse. Mais, dira-t-on, vous promettez aux emprunteurs un intérêt de tant pour 100 par an, indépendamment de tout amortissement; or, au bout des six premiers mois, vous payez la moitié *échue* de cet intérêt; ce payement ne concerne nullement l'amortissement; il est stipulé par la convention et ne doit pas entrer en ligne de compte.

A part une légère restriction, cet argument est fondé au point de vue des *prêteurs* seulement.

Voyons d'abord la restriction : le système des annuités comporte absolument l'intérêt composé; or, au bout de chaque période de six mois, l'intérêt échu n'est pas identiquement égal à la moitié de l'intérêt annuel. Nous venons de voir qu'il lui est un peu inférieur; mais là n'est pas le fait principal.

Le prix de revient annuel, dont veut se rendre compte la Société financière qui emprunte, se base aussi bien sur les intérêts payés que sur l'amortissement : c'est un côté complétement différent de l'opération. La question précise est la suivante : Que faut-il faire produire au capital engagé dans l'entreprise pour faire face d'abord et avant tout bénéfice au service de l'emprunt? Il faut bien répondre à cette question-là; même dans le cas de l'annuité simple payable une seule fois par an, il y a aussi des intérêts compris dans le payement, et, d'après la formule, on les capitalise aussi jusqu'à la fin de l'opération. Il n'y a donc rien d'étonnant à ce que l'on capitalise leur première moitié payée à une époque antérieure.

Le prix de revient, d'après ce qui a été dit, doit être notablement plus élevé que le taux d'intérêt stipulé, surtout dans le cas du capital aliéné, puisqu'il comprend l'amortissement tout entier; nous avons indiqué que le capital réalisé est inférieur presque toujours au capital nominal, ce qui élève le taux d'intérêt seul, et peut l'élever au delà des limites légales; tandis que l'amortissement ne change pas, puisqu'on a calculé le remboursement du capital nominal et qu'on ne refait pas le calcul.

La loi civile n'a rien à voir dans les dépenses non plus que dans les bénéfices retirés d'une exploitation industrielle ou d'une institution financière. Faut-il pour cela abroger les lois qui ont fixé la limite de l'intérêt ou du loyer des capitaux? Il ne s'agit pas ici d'économie politique. Du reste, il y a pour et contre dans la doctrine des arguments respectables. L'intérêt public est engagé dans la question : on ne ruine pas sans préjudice pour l'État un grand nombre d'incapables, et, à mon avis, c'est agir sagement que de les protéger contre leur propre ignorance ou leur mauvaise fortune en défendant les *individus* contre les usuriers : c'est la petite épargne qui fonde à l'heure actuelle, en France, les plus grandes entreprises. Ici, il s'agit d'une Société financière ou commerciale, qui *offre* parfois aux individus un intérêt supérieur à la limite légale, non ostensiblement, mais sons la forme de *prime de remboursement* ou plus exactement de *remise à l'émission*.

Il ne faut pas d'ailleurs s'étonner que l'on tolère d'un côté ce que l'on défend de l'autre; les espèces ne sont pas les mêmes, et il me paraît impossible d'assigner dans la pratique et dans les articles du Code des distinctions précises.

Au point de vue rigoureux, on trouverait ailleurs des anomalies de ce genre, si l'on voulait s'appliquer à les mettre en lumière; elles sont parfois dictées par la raison. Toute la question est, en définitive, de savoir si les lois sur l'usure atteignent leur but; si elles ne l'atteignent pas, il vaudrait mieux les abroger que de laisser subsister des exceptions non reconnues par la loi et tolérées par la jurisprudence.

ARTICLE 1er. *Emprunts à capital non aliéné.* — Nous avons déjà indiqué que l'on se bornait dans la pratique, pour les emprunts à double payement annuel des intérêts, à calculer la formule de payement unique, sauf à diviser les intérêts annuels en deux parties égales que l'on paye à la fin de chaque semestre.

L'erreur théorique signalée a peu de conséquences dans la pratique; car, dans le cas qui nous occupe :

1° S'il n'y a pas de réduction à l'émission, l'amortissement n'est pas directement en jeu; le prix de revient sera l'intérêt lui-même payé aux bailleurs de fonds; si l'on dressait le tableau justificatif de l'opération, les intérêts calculés se solderaient par semestre en recette et dépense; à la fin de chaque année, on déduirait la somme déterminée par le tableau d'amortissement, et comme le tableau des sommes de l'espèce forme le capital entier, au bout de la période de l'emprunt, on arriverait à un reste nul. On paye un peu plus cher pour les intérêts, voilà tout; seulement, tout en ayant un taux constant, ils ne sauraient être constants eux-mêmes, puisque ce taux s'applique à un capital qui diminue d'année en année; si l'on voulait déterminer les formules rigoureuses, elles différeraient peu de celles indiquées, soit pour la distribution de l'amortissement, soit pour les intérêts à servir, surtout si l'on voulait garder vis-à-vis des créanciers le taux habituel des intérêts; ceci revient à augmenter le taux annuel d'après la formule $(1 + i_2)^2 = 1 + i$. *L'annuité alors, c'est-à-dire la somme réellement payée en une année*, redeviendrait constante; elle augmenterait un peu.

2° S'il y a réduction à l'émission : c'est le cas que nous allons traiter. Ce dernier fait modifie bien plus considérablement le prix de revient, car nous avons déjà dit qu'il devait alors comprendre l'amortissement de la différence entre le capital réalisé et le capital nominal. L'application de ce taux convenablement déterminé donnera néanmoins des résultats décroissants d'année en année, puisqu'il porte sur un capital décroissant. Voici comment on déterminera ce prix de revient : on prendra le tableau tel qu'il a été dressé algébriquement; on en déduira deux séries de valeurs, l'une pour la première moitié des intérêts, l'autre pour la seconde moitié des intérêts accrue de l'amortissement afférent à l'année considérée.

On rapportera alors ces diverses valeurs comme payements ordinaires à la fin de l'opération à intérêts composés, soit au taux annuel I avec l'exposant fractionnaire, soit au taux semestriel I_2, ne perdant pas de vue que ces deux quantités sont liées par la relation $(1 + I_2)^2 = 1 + I$; cette relation est fort utile pour la simplification des formules et leur application. $\left(\text{On ne-doit jamais prendre } I_2 = \dfrac{I}{2}, \text{ car } \dfrac{I}{2} = I_2 + \dfrac{I_2^2}{2}.\right)$

On trouve aux Annexes (n° 5) les calculs algébriques faits avec les deux taux, et on reconnaît qu'on arrive à des formules équivalentes.

On obtiendra ainsi une somme que j'ai désignée par Σ_t, et qui comprend tous les payements accrus de leurs intérêts composés aux taux inconnus I ou I_2. Cette somme, pour le cas qui nous occupe, devra être égale au capital réalisé C accru de ses intérêts composés au même taux.

On posera donc

$$\Sigma_t = C(1 + I)^t$$

ou

(4) $$\Sigma_t = C(1 + I_2)^{2t}.$$

L'équation (4) sera résolue par approximation, comme précédemment, au moyen des logarithmes et de la méthode des substitutions successives.

Enfin, on trouve (Annexe n°s 6 et 7) un exemple numérique et le tableau des vérifications.

Article 2. *Emprunts à capital aliéné.* — Ici la question devient la plus usuelle et par conséquent la plus utile à examiner. Nous avons déjà remarqué que la dépréciation à l'émission agit considérablement sur le prix de revient, et que ce prix de revient doit être appliqué aux payements faits pendant l'année. Disons, de plus, que si l'on voulait procéder d'une manière rationnelle, il faudrait s'arranger de façon à ce que *l'annuité réellement payée*, c'est-à-dire la somme des payements rapportés au taux du prix de revient à la fin de chaque année, représentât toujours une quantité exactement constante : c'est possible, et même assez simple ; alors on retomberait dans la règle de la formule donnée, pour le cas d'un seul payement annuel, c'est-à-dire que le prix de revient annuel serait exactement le rapport de l'annuité réelle à la somme encaissée $\mathrm{I} = \dfrac{a}{\mathrm{C}}$. Pour cela, il faudrait, ou connaître d'avance le taux réel d'émission de l'emprunt, ou attendre le résultat de l'émission, pour faire entrer dans le calcul de l'amortissement le chiffre du capital réellement encaissé.

Nous allons d'abord procéder sur le mode de payements adopté dans la pratique, et voir le parti qu'on en peut tirer. Nous reviendrons ensuite au système que je viens d'indiquer, qui sera exposé dans l'article suivant.

Nous allons donc reprendre le tableau déjà calculé dans l'article précédent, et la valeur de Σ_t qui garde la même forme ; seulement, dans ce cas-ci, on devra arriver à conserver à la fin de l'opération le capital encaissé ; on devra donc, dans l'équation, égaler la quantité Σ_t aux intérêts composés du capital encaissé seulement, et non plus au capital encaissé accru de ses intérêts composés, c'est-à-dire que l'on écrira

$$\Sigma_t = \mathrm{C}(\mathrm{I} + \mathrm{I})^t - \mathrm{C} = \mathrm{C}[(\mathrm{I} + \mathrm{I})^t - \mathrm{I}],$$

ou

(5)
$$\Sigma_t = \mathrm{C}[(\mathrm{I} + \mathrm{I}_2)^u - \mathrm{I}].$$

La recherche est absolument analogue à celle du cas précédent ; on trouve aux Annexes n^{os} **8** et **9** un exemple numérique et le tableau de vérification.

Le tableau n° 9 met en lumière un fait à remarquer, mais dont il ne faut pas cependant exagérer l'importance. Il ne faut pas demander à l'algèbre plus qu'elle ne peut donner ; on impose un tableau de payements dressé d'avance, et l'on désire avoir un taux constant, par année ou par semestre, qui, appliqué au capital encaissé, permette de le conserver *intact* à la fin de l'opération, nonobstant le service des payements à faire ; on l'obtient ; mais cela ne veut pas dire que ce capital restera intact à chaque fin d'année pendant

3

l'intervalle que comprend l'opération. On remarque, en effet, que le capital subit une très-légère diminution jusqu'au milieu de la période à peu près, pour croître ensuite et redevenir intact à la dernière année. Que signifie ce fait ? Il signifie que, d'après la distribution des payements imposée par le tableau des intérêts et de l'amortissement, telle qu'on le dresse dans la pratique, le *taux unique*, ou prix de revient, est d'abord insuffisant pour le service de ces payements, et qu'il devient ensuite plus grand qu'il n'est nécessaire, puisqu'alors le capital se trouve augmenter annuellement après une certaine période. Il y a donc, puisque le capital a été dépensé en entier, une avance temporaire à faire en dehors du produit résultant du taux unique. Je dis une avance, puisque la somme se trouve ensuite récupérée par l'opération elle-même.

En d'autres termes, pour conserver chaque année le capital intact au tableau de vérification, il faudrait : ou changer la distribution de l'amortissement, ce que je propose à l'article 3, ou employer un taux légèrement variable chaque année, ou faire les avances et les retraits de fonds tels que je vais les indiquer tout à l'heure.

On trouvera à l'Annexe n° **10** la détermination de l'époque du maximum de cette avance relativement très-faible et son évaluation pour une année quelconque.

Au point de vue du prix de revient unique, l'augmentation qui doit résulter de ce fait me paraît peu importante, car elle ne peut résulter que de la nécessité de pourvoir aux intérêts et à l'amortissement de ces petites avances; c'est ce que je vais démontrer.

Pour cela, il faut dresser le tableau de vérification d'une manière un peu différente. Le résultat final ne sera pas changé ; mais le tableau lui-même mettra en évidence l'époque et la quotité des avances ou des retraits de fonds à opérer, c'est-à-dire qu'il faut compléter ou diminuer le résidu annuel à la fin de chaque année, de manière à le ramener exactement au capital encaissé ; les sommes ajoutées constituent les *avances faites ;* les sommes retranchées constituent les *retraits*.

En opérant séparément sur ces petites sommes et en les capitalisant avec leur signe au taux du prix de revient de l'emprunt, on trouve qu'elles se compensent exactement; elles sont donc amorties.

On trouvera aux Annexes n^{os} **11** et **12** un tableau numérique de l'opération et la démonstration algébrique de la compensation. Cette preuve algébrique nous amène naturellement au système rationnel développé à l'article **3**, où les différences en question sont nulles isolément; la démonstration est presque identique dans la forme.

Il ne faut pas confondre la différence δ_k que nous avons signalée au tableau n° **10** comme existant toujours en moins à la fin d'une année (sauf la dernière) avec les avances et les retraits de fonds; cette différence provient bien de la même origine et revient bien au même résultat, ainsi que le prouvent le tableau n° **11** et la démonstration qui l'accompagne, mais elle n'est en réalité autre chose que la somme algébrique des avances et retraits antérieurs capitalisés avec leur signe au taux du prix de revient à la fin de l'année considérée.

Quant à la somme des payements accrus de leurs intérêts composés au taux du prix de revient, à une époque intermédiaire quelconque, il y a deux manières de l'obtenir, soit par l'évaluation directe de ce que nous avons appelé Σ_k, d'après la formule que nous avons donnée, soit par la détermination de la différence dont il vient d'être parlé, que l'on ajouterait aux intérêts composés du capital encaissé au taux du prix de revient pour l'époque considérée, c'est-à-dire qu'en appelant δ_k la différence ou capitalisation des avances et retraits de fonds à la fin de l'année $k^{iémn}$, on a

$$\Sigma'_k = \delta_k + C[(1 + I)^k - 1],$$

ou

(6)
$$\Sigma_k = \delta_k + C[1 + I_2)^{2k} - 1].$$

On peut faire l'application de la formule (5) pour calculer (*voir* aux Annexes n°ˢ **13** et **14**) le taux d'émission des obligations 3 pour 100 des Compagnies de chemins de fer correspondant à un prix de revient déterminé.

J'ai donné, comme exemple, un certain nombre de résultats, sous forme de Table, pour le taux d'émission des obligations dans les emprunts de quatrevingts à quatre-vingt-dix ans correspondant à des prix de revient de 5 à 6 pour 100 de dixième en dixième.

ARTICLE **3**. *Mode d'amortissement à annuité constante pour les emprunts même à capital réduit, dont les intérêts sont payés chaque année en plusieurs fois* (capital aliéné). — D'après tout ce qui précède, il est bien évident que, dans le mode suivi actuellement dans la pratique, pour le cas qui nous occupe, les annuités ne sont égales qu'*en apparence*, et par conséquent ne répondent pas à leur définition; on peut, en modifiant légèrement la distribution de l'amortissement, et par suite des intérêts, en faisant intervenir dans le calcul le

3.

chiffre du capital réalisé, qui est un élément indispensable de la solution du problème, on peut, dis-je, trouver une annuité réellement constante, et qui représente à la fin de chaque année les intérêts payés, capitalisés eux-mêmes au prix de revient à la fin de ladite année, plus l'amortissement payé.

Dans les emprunts, où l'on connait d'avance le chiffre d'émission, rien n'est plus simple à adopter.

Dans ceux où le produit réel ne peut être connu qu'après la réalisation, quel inconvénient y a-t-il à différer jusque-là la rédaction du tableau d'amortissement pour le dresser d'une manière rationnelle ?

On trouvera à l'Annexe n° 15 le calcul algébrique nécessaire à la détermination du taux du prix de revient et des quantités amortissables chaque année.

J'ai supposé seulement deux payements pour les intérêts ; on pourrait en mettre davantage : le principe est général, et le mode de recherche serait identique.

Il faut écrire algébriquement ce que l'on fait dans le tableau de vérification et égaler à la fin de chaque année les résultats au capital C d'une manière immuable.

En retranchant chaque équation de la précédente, on trouve une série d'équations qui ne contiennent chacune que deux valeurs consécutives de l'amortissement.

On remarque immédiatement la loi de succession, qui est encore une progression géométrique dont la raison est la quantité $1 + i_2(1 + I_2)$; par conséquent, on peut avoir la somme des quantités de l'amortissement, ou A, en fonction de la première de ces quantités a_1.

Or la première équation ne contient que a_1 et en fournit la valeur, de sorte qu'en portant cette valeur dans l'expression de la somme A (capital nominal), on obtient l'équation générale du problème qui est

$$(7) \qquad A = \frac{(CI_2 - Ai_2)\{[1 + i_2(2 + I_2)]^t - 1\}}{i_2}.$$

On résoudra comme à l'ordinaire cette équation par rapport à I_2 ; quant aux quantités soumises chaque année à l'intérêt promis aux bailleurs de fonds, non-seulement on peut les obtenir par les déductions successives des quantités amorties, mais elles sont données facilement encore par la formule générale pour une année quelconque ; on en tire même de suite le montant des intérêts à payer

$$[A - a_1 - a_2 \ldots a_{k-1}]\, i_2 = CI_2 - (CI_2 - A\, i_2)[1 + i_2(2 + I_2)]^{k-1}.$$

On peut donc dresser (Annexe n° **16**) un tableau d'après le même exemple numérique des nouveaux payements à opérer soit en intérêt, soit en amortissement. On trouve à droite de ce tableau la composition réelle de l'annuité qui est constante.

J'ai adopté le taux semestriel de 1,5 pour 100 comme ci-dessus.

On trouve enfin (Annexe n° **17**) le tableau de vérification qu'il est à peine utile de dresser, puisqu'à la fin de chaque année le capital se retrouve intact.

Il n'est pas étonnant que le taux I_2 soit moins élevé dans ce système que dans celui suivi par la pratique, ou au moins dans la détermination que nous en avons faite; nous avons vu, en effet, qu'il y avait alors de légères avances à faire, et que les intérêts composés du capital aliéné, capitalisés au taux de *prix de revient*, devaient, outre leur fonction principale, pourvoir au service des intérêts et de l'amortissement des petites avances précitées, et ce taux est déjà sans cela très-élevé. Or, ici il n'y a plus d'avances à faire; ce système est donc non-seulement le plus rationnel, mais le plus économique.

CHAPITRE III.

SITUATION D'UNE ENTREPRISE AU POINT DE VUE DES EMPRUNTEURS A L'ISSUE D'UNE COURTE PÉRIODE IMPRODUCTIVE, DITE DE PREMIER ÉTABLISSEMENT.

Lorsqu'une Société industrielle se fonde, son exploitation commerciale nécessite presque toujours de grands travaux préalables de construction ou de mise en œuvre; il s'écoule nécessairement un certain temps avant que les produits puissent venir, non-seulement rémunérer les associés, mais même servir à payer les dettes qui passent avant tout bénéfice, c'est-à-dire les intérêts et l'amortissement des emprunts quelle a pu contracter; cette période, que l'on doit s'efforcer de rendre la plus courte possible, s'appelle la *période de premier établissement*.

On peut se demander de prime abord combien de temps elle peut durer, car sa prolongation peut devenir une charge très-lourde pour l'avenir de la Société.

En effet, puisque aucun bénéfice n'est réalisé, on est obligé d'emprunter sans

cesse, non-seulement pour les dépenses principales, mais aussi pour le payement des intérêts et de l'amortissement des emprunts antérieurs.

Il résulte de cet état de choses que tous les payements faits se capitalisent à
intérêts composés au compte dit de *premier établissement*, et cela au taux du
prix de revient de l'argent, c'est-à-dire à un taux assez élevé, puisqu'il comporte déjà l'amortissement. Nous supposons, en effet, que l'on a emprunté
sous la forme des emprunts remboursables par annuités.

On peut, on doit même prévoir d'avance, non-seulement le montant proba-
ble des dépenses principales, mais les résultats de la capitalisation des intérêts dont il vient d'être parlé pendant ladite période dite de *premier établissement*.

Comme on ne connait pas d'avance le sort des emprunts successifs, on peut
supposer qu'ils auront lieu dans des conditions équivalentes. L'erreur de ce
chef sera d'ailleurs souvent moins importante que celles forcément commises
sur l'évaluation des travaux et leur durée, à cause de toutes les circonstances
qui peuvent fausser les prévisions les plus judicieuses sur ce point.

Dans ces conditions, nous pouvons utiliser les déterminations que nous
avons faites ci-dessus ; il s'agit évidemment des emprunts à *capital aliéné*.

Or la somme des payements faits pour le service des intérêts et de l'amortissement, payements capitalisés à la fin d'une année quelconque au taux du
prix de revient de l'argent, constitue ce que nous avons appelé Σ_k, quantité
plus grande pendant toute la période de l'emprunt que les intérêts composés,
calculés au même taux sur le capital réellement encaissé, ou $C\left[(1 + I_2)^{2k} - 1\right]$.
Si l'on a suivi les errements consacrés dans la pratique, c'est donc Σ_k qu'il faut
calculer d'après la formule que nous avons donnée.

Il s'agit, bien entendu, des emprunts dont les intérêts annuels sont payés
en deux fois.

L'emprunt à un seul payement annuel n'offre aucune difficulté ; en effet,
dans ce cas-là, à la fin de chaque année, il y a identité entre les deux fonctions que nous venons d'indiquer.

On pourrait, au moyen des formules que nous avons établies, démontrer
que (*a* désignant l'annuité calculée dans la pratique et C le capital encaissé)

$$\frac{a}{C} < I_1,$$

que

$$\frac{a}{2C} > I_2,$$

et qu'enfin, en prenant le taux semestriel $\frac{a}{2C}$ pour l'appliquer au capital C directement, d'après la formule

$$C\left[\left(1 + \frac{a}{2C}\right)^{2k} - 1\right],$$

on arrive à un résultat surpassant très-peu, pendant les premières années, la somme des payements faits aux prêteurs et accrus de leurs intérêts composés au taux I_2, par semestre, à la fin de la $k^{ième}$ année.

Ces résultats ne sont intéressants qu'au point de vue purement théorique. Je n'ai pas cru devoir entrer dans les développements algébriques nécessaires pour les établir.

SECONDE PARTIE.

ANNEXES.

N° 1.

Calculer l'annuité d'un emprunt de 100 000 francs fait pour dix ans à 3 pour 100 (*).

$$a = \frac{A\,i(1+i)^t}{(1+i)^t - 1}.$$

$A = 100\,000^{fr}, \qquad \log A = 5.$

$i = 0^{fr},03, \qquad \log i = \overline{2},477\,121\,275.$

$1 + i = 1^{fr},03, \qquad \log(1+i) = 0,012\,837\,224\,7.$

$t = 10.$

$$\log(1+i)^{10} = 0,128\,372\,247.$$

$$(1+i)^{10} = 1,343\,916\,3,$$

$$(1+i)^{10} - 1 = 0,343\,916\,3, \quad \log\left[(1+i)^{10} - 1\right] = \overline{1},536\,452\,763.$$

$$a = 11\,723^{fr},05.$$

Dans le tableau qui suit, nous ajoutons, chaque année, au capital tel qu'il est à la fin de l'année précédente ses intérêts à 3 pour 100, et nous retranchons l'annuité ensuite.

Tableau de vérification.

	100 000^{fr}	2ᵉ année....	82 292,21^{fr}
	+ 3 000		+ 2 468,76
	103 000		84 760,97
	— 11 723,05		— 11 723,05
1ʳᵉ année....	91 276,95	3ᵉ année....	73 047,92
	+ 2 738,31		+ 2 191,14
	94 015,26		75 229,06
	— 11 723,05		— 11 723,05
2ᵉ année....	82 292,21	4ᵉ année....	63 506,01

(*) On a employé pour tous les calculs les Tables de logarithmes du Dʳ Schrön.

Tableau de vérification (suite).

4ᵉ année....	63 506,01^{fr}		7ᵉ année....	33 159,95^{fr}
	+ 1 905,18			+ 994,80
	65 411,19			34 154,75
	— 11 723,05			— 11 723,05
5ᵉ année....	53 688,14		8ᵉ année....	21 431,70
	+ 1 610,64			+ 672,95
	55 298,78			23 104,65
	— 11 723,05			— 11 723,05
6ᵉ année....	43 575,73		9ᵉ année....	11 381,60
	+ 1 307,27			+ 341,45
	44 883,00			11 723,05
	— 11 723,05			— 11 723,05
7ᵉ année....	33 159,95		10ᵉ année...	0

Nᵒ 2.

$1^o \quad \mathrm{A}\,i + a_1 = a, \qquad\qquad a_1 = a - \mathrm{A}\,i;$

$2^o \quad [\mathrm{A} - (a - \mathrm{A}\,i)]\,i + a_2 = a, \qquad a_2 = (a - \mathrm{A}\,i)(1 + i);$

$3^o \quad \left\{ \mathrm{A} - (a - \mathrm{A}\,i)\left[\dfrac{(1 + i)^2 - 1}{i}\right]\right\}\,i + a_3 = a, \quad a_3 = (a - \mathrm{A}\,i)(1 + i)^2,$

ou

$\mathrm{A}\,i - (a - \mathrm{A}\,i)[(1 + i)^2 - 1] + a_3 = a;$

$4^o \quad \left\{ \mathrm{A} - (a - \mathrm{A}\,i)\left[\dfrac{(1 + i)^3 - 1}{i}\right]\right\}\,i + a_4 = a, \quad a_4 = (a - \mathrm{A}\,i)(1 + i)^3,$

ou

$\mathrm{A}\,i - (a - \mathrm{A}\,i)[(1 + i)^3 - 1] + a_4 = a;$

....

Pour obtenir à la fin de chaque année la somme de toutes les quantités amorties précédemment, on trouve

$$a_1 + a_2 = (a - \mathrm{A}\,i)(1 + 1 + i) = (a - \mathrm{A}\,i)\left[\frac{(1 + i)^2 - 1}{i}\right],$$

$$a_1 + a_2 + a_3 = (a - \mathrm{A}\,i)[1 + 1 + i + (1 + i)^2] = (a - \mathrm{A}\,i)\left[\frac{(1 + i)^3 - 1}{i}\right],$$

....

La loi est évidente ; on aura, en effet,

$$a_1 + a_2 + a_3 + \ldots + a_t$$
$$= (a - \mathrm{A}\,i)[1 + 1 + i + (1 + i)^2 + \ldots + (1 + i)^{t-1}] = (a - \mathrm{A}\,i)\left[\frac{(1 + i)^t - 1}{i}\right];$$

mais, d'après l'équation (1), on a

$$a = \frac{A\,i(1+i)^t}{(1+i)^t - 1};$$

on en tire les deux équations suivantes :

$$(1+i)^t = \frac{a}{a - A\,i}, \quad (1+i)^t - 1 = \frac{A\,i}{a - A\,i},$$

d'où

$$\frac{(1+i)^t - 1}{i} = \frac{A}{a - A\,i},$$

et portant cette dernière valeur dans l'expression de la somme que nous venons d'obtenir

$$S_a = a_1 + a_2 + \ldots + a_t = (a - A\,i)\frac{A}{a - A\,i} = A.$$

N° 3.

Calcul du prix de revient annuel de l'emprunt dont l'annuité calculée est de 11 723^{fr},05 pour dix ans, la somme encaissée à l'émission ayant été de 80 000 francs.

Il faut résoudre, par rapport à I, l'équation

$$(1+I)^t(a - CI) = a.$$

Prenons les logarithmes

$$t \log(1+I) + \log(a - CI) = \log a;$$

or

$$C = 80\,000,$$
$$a = 11\,723,05,$$
$$t = 10.$$

$$10 \log(1+I) + \log(11\,723,05 - 80\,000\,I) = 4,069\,040\,7.$$

Résultats des substitutions.

Valeurs de I.	Valeurs de la fonction =.
0,07	4,080 802 1
0,08	4,060 394 0
0,075	4,071 708 3

La fonction varie en sens inverse de celui de la variable pour ces valeurs :
I est compris entre $0,075$ et $0,08$. On écrira, par ordre de grandeur,

$$I = 0,08, \qquad y = 4,0603940,$$
$$I = x, \qquad y = 4,0690407,$$
$$I = 0,075, \qquad y = 4,0717083 ;$$

puis, prenant les différences et ayant égard aux signes algébriques,

$$\frac{0,80 - x}{0,080 - 0,075} = \frac{4,0603940 - 4,0690407}{4,0603940 - 4,0717083} = \frac{-86467}{-113143} = \frac{86467}{113143},$$

d'où

$$x = 0,07618.$$

Telle est la méthode : ne pas oublier que les résultats sont d'autant plus exacts à mesure que l'on s'approche du nombre cherché ; on ne doit donc pas compter sur les dernières décimales :

$$I = 0,0762, \qquad 4,0692068,$$
$$I = 0,07625, \qquad 4,0690997,$$
$$I = 0,07628, \qquad 4,0690392,$$
$$I = 0,076279, \qquad 4,0690414.$$

Posons donc enfin

$$I = 0,076279, \qquad y = 4,0690414,$$
$$I = x, \qquad y = 4,0690407,$$
$$I = 0,076280, \qquad y = 4,0692392 ;$$

on en tire

$$\frac{x - 0,076279}{0,000001} = \frac{-7}{-22} = \frac{7}{22},$$

d'où

$$x = 0,07627932.$$

Ce nombre paraissant suffisamment approché pour obtenir le chiffre des francs dans le tableau de vérification, on peut l'appliquer. On obtient, en effet, un résultat approché à 3 centimes près, d'après le tableau suivant, où l'on ajoute chaque année les produits calculés au taux qui vient d'être déterminé avant d'opérer le payement de l'annuité.

N° 4.

Tableau de vérification.

On ajoute le produit de la multiplication par le facteur

$$I = 0,076\,279\,33;$$

on retranche chaque année l'annuité à payer

$$a = 11\,723^{fr},05.$$

		^{fr} 80 000,000		5ᵉ année:..	^{fr} 47 269,340
	+	6 102,346		+	3 605,674
		86 102,346			50 875,014
	—	11 723,050		—	11 723,050
1ʳᵉ année...		74 379,296	6ᵉ année...		39 151,964
	+	5 673,603		+	2 986,486
		80 052,899			42 138,450
	—	11 723,050		—	11 723,050
2ᵉ année...		68 329,849	7ᵉ année...		30 415,400
	+	5 212,155		+	2 320,066
		73 542,004			32 735,466
	—	11 723,050		—	11 723,050
3ᵉ année...		61 818,954	8ᵉ année...		21 012,416
	+	4 715,508		+	1 602,813
		66 534,462			22 615,229
	—	11 723,050		—	11 723,050
4ᵉ année...		54 811,412	9ᵉ année...		10 892,179
	+	4 180,978		+	830,848
		58 992,390			11 723,027
	—	11 723,050		—	11 723,050
5ᵉ année...		47 269,340	10ᵉ année...	—	0,023

N° 5.

Les formules déterminées au Chapitre Ier donnent pour les intérêts et l'amortissement chaque année les résultats suivants :

Intérêt.

$$i_1 = a - (a - A i) \times 1,$$
$$i_2 = a - (a - A i) \times (1 + i),$$
$$i_3 = a - (a - A i) \times (1 + i)^2,$$
$$\dots\dots\dots\dots\dots\dots$$
$$i_t = a - (a - A i) \times (1 + i)^{t-1},$$

Amortissement.

$$a_1 = (a - A i) \times 1.$$
$$a_2 = (a - A i) \times (1 + i).$$
$$a_3 = (a - A i) \times (1 + i)^2.$$
$$\dots\dots\dots\dots\dots\dots$$
$$a_t = (a - A i) \times (1 + i)^{t-1}.$$

Leur réunion donne bien chaque année l'annuité a.

Si l'on paye au bout du premier semestre la première moitié des intérêts annuels, et au bout du second semestre la seconde moitié des intérêts, plus l'amortissement, on obtient le tableau des payements suivants :

1er semestre.

$$1^{re} \text{ année} \quad \frac{a - (a - A i) \times 1}{2},$$
$$2^e \text{ année} \quad \frac{a - (a - A i)(1 + i)}{2},$$
$$\dots\dots\dots\dots\dots$$
$$k^{ième} \text{ année} \quad \frac{a - (a - A i)(1 + i)^{k-1}}{2},$$
$$\dots\dots\dots\dots\dots$$
$$t^{ième} \text{ année} \quad \frac{a - (a - A i)(1 + i)^{t-1}}{2},$$

2e semestre.

$$\frac{a + (a - A i) \times 1}{2}.$$
$$\frac{a + (a - A i)(1 + i)}{2}.$$
$$\dots\dots\dots\dots\dots$$
$$\frac{a + (a - A i)(1 + i)^{k-1}}{2}.$$
$$\dots\dots\dots\dots\dots$$
$$\frac{a + (a - A i)(1 + i)^{t-1}}{2}.$$

Ce sont ces sommes qu'il faut d'abord rapporter à intérêts composés à la fin de l'opération ; leur total devra être ensuite être égalé à $C(1 + I)^t$.

On obtient

$$\frac{a - (a - A i) \times 1}{2}(1 + I)^{t-1+0,5},$$
$$\frac{a - (a - A i)(1 + i)}{2}(1 + I)^{t-2+0,5},$$
$$\dots\dots\dots\dots\dots$$
$$\frac{a - (a - A i)(1 + i)^{k-1}}{2}(1 + I)^{t-k+0,5},$$
$$\dots\dots\dots\dots\dots$$
$$\frac{a - (a - A i)(1 + i)^{t-1}}{2}(1 + I)^{0,5},$$

$$\frac{a + (a - A i) \times 1}{2}(1 + I)^{t-1}.$$
$$\frac{a + (a - A i)(1 + i)}{2}(1 + I)^{t-2}.$$
$$\dots\dots\dots\dots\dots$$
$$\frac{a + (a - A i)(1 + i)^{k-1}}{2}(1 + I)^{t-k}.$$
$$\dots\dots\dots\dots\dots$$
$$\frac{a + (a - A i)(1 + i)^{t-1}}{2} \times 1.$$

On peut décomposer la somme en deux parties :

1° Les termes en $\dfrac{a}{2}$ dans les deux colonnes;

2° Les termes en $\dfrac{a - \mathrm{A}i}{2}$ également dans les deux colonnes.

Nous allons les sommer séparément.

Nous aurons d'abord

$$\frac{a}{2}\left[(1+\mathrm{I})^{0,5}+1\right]\left[(1+\mathrm{I})^{t-1}+(1+\mathrm{I})^{t-2}+\ldots+1\right],$$

ce qui revient à la somme

$$\frac{a}{2}\left[(1+\mathrm{I})^{0,5}+1\right]\left[\frac{(1+\mathrm{I})^t-1}{\mathrm{I}}\right]=\frac{a\left[(1+\mathrm{I})^t-1\right]}{2\left[(1+\mathrm{I})^{0,5}-1\right]},$$

et, pour la seconde partie,

$$-\frac{(a-\mathrm{A}i)\left[(1+\mathrm{I})^{0,5}-1\right]}{2}\left[1\times(1+\mathrm{I})^{t-1}+(1+i)(1+\mathrm{I})^{t-2}+\ldots+(1+i)^{t-1}\times1\right].$$

Or, la raison de la progression décroissante étant

$$\frac{1+i}{1+\mathrm{I}},$$

sa somme est

$$\frac{(1+\mathrm{I})^{t-1}-\dfrac{(1+i)^t}{1+\mathrm{I}}}{1-\dfrac{1+i}{1+\mathrm{I}}}=\frac{(1+\mathrm{I})^t-(1+i)^t}{\mathrm{I}-i},$$

d'où la valeur de la seconde partie

$$-\frac{(a-\mathrm{A}i)\left[(1+\mathrm{I})^{0,5}-1\right]\left[(1+\mathrm{I})^t-(1+i)^t\right]}{2(\mathrm{I}-i)}.$$

Appelant Σ_t la somme générale à l'expiration des t années, on a

$$\Sigma_t=\frac{a(\mathrm{I}-i)\left[(1+\mathrm{I})^t-1\right]-(a-\mathrm{A}i)\left[(1+\mathrm{I})^{0,5}-1\right]^2\left[(1+\mathrm{I})^t-(1+i)^t\right]}{2(\mathrm{I}-i)\left[(1+\mathrm{I})^{0,5}-1\right]}.$$

Remarquons en passant que la somme des mêmes quantités jusqu'à l'année $k^{ième}$ inclusivement, rapportées à la fin de cette année, serait

$$\Sigma_k = \frac{a(1-i)[(1+I)^k-1] - (a-Ai)[(1+I)^{0,5}-1]^2[(1+I)^k-(1+i)^k]}{2(1-i)[(1+I)^{0,5}-1]}.$$

Prenons maintenant pour inconnue le taux I_2 sus défini, savoir :

$$(1+I_2)^2 = 1 + I,$$

et les périodes $2l$ et $2k$, nous retrouverons deux formules identiques aux deux précédentes.

Les données sont, en effet, les suivantes :

$$\frac{a-(a-Ai)\times 1}{2}(1+I_2)^{2l-1}, \qquad \frac{a+(a-Ai)\times 1}{2}(1+I_2)^{2l-2},$$

$$\frac{a-(a-Ai)(1+i)}{2}(1+I_2)^{2l-3}, \qquad \frac{a+(a-Ai)(1+i)}{2}(1+I_2)^{2l-1},$$

$$\ldots\ldots\ldots\ldots\ldots\ldots\ldots, \qquad \ldots\ldots\ldots\ldots\ldots\ldots\ldots$$

$$\frac{a-(a-Ai)(1+i)^{k-1}}{2}(1+I_2)^{2l-(2k-1)}, \qquad \frac{a+(a-Ai)(1+i)^{k-1}}{2}(1+I^2)^{2l-(2k-1)},$$

$$\ldots\ldots\ldots\ldots\ldots\ldots\ldots, \qquad \ldots\ldots\ldots\ldots\ldots\ldots\ldots$$

$$\frac{a-(a-Ai)(1+i)^{l-1}}{2}(1+I_2)^1, \qquad \frac{a+(a-Ai)(1+i)^{l-1}}{2}\times 1.$$

Et les deux parties analogues deviennent

$$\frac{a}{2}[(1+I_2)+1]\left[\frac{(1+I_2)^{2l}-1}{(1+I_2)^2-1}\right],$$

et

$$-\frac{(a-Ai)[(1+I_2)-1]}{2}[1\times(1+I_2)^{2l-2}+(1+i)(1+I_2)^{2l-3}+\ldots+(1+i)^{l-1}\times 1].$$

Comme plus haut on a, pour la raison de la progression

$$\frac{1+i}{(1+I_2)^2},$$

et pour la somme

$$\frac{(1+I_2)^{2l-2}-\dfrac{(1+i)^l}{(1+I_2)^2}}{1-\dfrac{1+i}{(1+I_2)^2}} = \frac{(1+I_2)^{2l}-(1+i)^l}{(1+I_2)^2-(1+i)},$$

d'où

$$\Sigma_l = \frac{a[(1+I_2)^2-(1+i)][(1+I_2)^{2l}-1] - (a-Ai)I_2^2[(1+I_2)^{2l}-(1+i)^l]}{2I_2[(1+I_2)^2-(1+i)]},$$

et

$$\Sigma_k = \frac{a\left[(1+I_2)^2 - (1+i)\right]\left[(1+I_2)^{2k} - 1\right] - (a - Ai)\,I_2^2\left[(1+I_2)^{2k} - (1+i)^k\right]}{2\,I_2\left[(1+I_2)^2 - (1+i)\right]},$$

formules identiques aux précédentes, en vertu de la définition de I_2.

On conçoit que si l'emprunt comportait des lots, on aurait pu également les placer à leur date et les rapporter à la fin de l'opération au taux I ou I_2.

Actuellement, pour le cas de l'emprunt à capital non aliéné, on doit avoir

$$\Sigma_t = C(1+I)^t,$$

d'où

$$C = \frac{\Sigma_t}{(1+I)^t}.$$

Reprenons l'exemple de l'emprunt de 80 000 francs remboursable par annuité en dix ans, à la somme de 100 000 francs, et rapportant semestriellement $0^{fr},015$ par franc, on a

$$A = 100\,000^{fr}, \qquad a - Ai = 8\,723^{fr},05.$$
$$a = 11\,723^{fr},05.$$
$$C = 80\,000, \qquad \log C = 4,903\,089\,987.$$
$$i = 0,03.$$

Le logarithme du premier membre est invariable; il faut déterminer la valeur de I_2 de façon à ce que le logarithme du second soit équivalent; or, par la méthode des substitutions successives, dont nous avons exposé les principes, et dont nous ne reproduirons pas le détail, on arrive à trouver pour I_2 la valeur suivante :

$$I_2 = 0,037\,7628.$$

Pour vérifier ce chiffre, il faut former le tableau de vérification.

Pour cela, il faut commencer par déterminer en chiffres les sommes promises aux bailleurs de fonds, tant pour les intérêts que pour l'amortissement, comme cela a lieu dans la pratique, et comme il a été indiqué ci-dessus.

On obtient ainsi le tableau suivant :

N° 6.

Emprunt de 100 000 francs à 3 pour 100 pour 10 ans. — Émission à 80 000 francs (suite).

CALCUL ORDINAIRE DES INTÉRÊTS ET DE L'AMORTISSEMENT DUS SUR LE CAPITAL NOMINAL.

$$a = 11\,723^{fr},05.$$

| | | | PAYEMENTS. | | |
| | | | 1er SEMESTRE. | 2e SEMESTRE. | |
	AMORTISSEMENT.	INTÉRÊTS.	1re moitié des intérêts.	2e moitié des intérêts plus l'amortissement.	TOTAL.
	fr	fr	fr	fr	fr
1re année...	8 723,05	3 000,00	1 500,00	10 223,05	11 723,05
2e année...	8 984,74	2 738,31	1 369,16	10 353,89	11 723,05
3e année...	9 254,29	2 468,76	1 234,38	10 488,67	11 723,05
4e année...	9 531,91	2 191,14	1 095,57	10 627,48	11 723,05
5e année...	9 817,87	1 905,18	952,59	10 770,46	11 723,05
6e année...	10 112,41	1 610,64	805,32	10 917,73	11 723,05
7e année...	10 415,78	1 307,27	653,63	11 069,42	11 723,05
8e année...	10 728,25	994,80	497,40	11 225,65	11 723,05
9e année...	11 050,10	672,95	336,48	11 386,57	11 723,05
10e année...	11 381,60	341,45	170,72	11 552,33	11 723,05
	100 000,00	17 230,50	8 615,25	108 615,25	117 230,50
	$S_a = A,$	$S_i = ta - A,$	$S = \dfrac{ta - A}{2},$	$S = \dfrac{ta + A}{2},$	$S = ta.$

Le tableau précédent est celui que l'on dresse dans la pratique; dans le cas où l'on voudrait comparer l'annuité inexacte qui y figure à celle du tableau n° **16** pour le cas du capital réduit (emprunts à capital aliéné), il ne faut pas oublier qu'il faudrait ajouter aux deux payements semestriels indiqués ci-dessus les intérêts semestriels au taux du prix de revient calculés sur le premier payement. On aurait alors des annuités inégales et décroissantes qui seraient d'abord supérieures à l'annuité fixe du tableau n° **16** et ensuite inférieures.

Maintenant il n'y a plus qu'à dresser le tableau ordinaire. Chaque semestre on ajoute les intérêts au taux précité de $I_2 = 0,037\,762\,8$ et calculés sur le résidu du semestre précédent; puis on retranche les payements indiqués pour chaque échéance au tableau n° **6**. L'approximation est suffisante pour arriver à 3 centimes près.

N° 7.

Tableau de vérification.

		fr				fr
		80 000,00		5e année....		47 263,63
	+	3 021,02			+	1 784,80
		83 021,02				49 048,43
	−	1 500,00			−	805,22
		81 521,02				48 243,21
	+	3 078,46			+	1 821,79
		84 599,48				50 065,00
	−	10 223,05			−	10 917,73
1re année....		74 376,43		6e année....		39 147,27
	+	2 808,66			+	1 478,31
		77 185,09				40 625,58
	−	1 369,16			−	653,63
		75 815,93				39 971,95
	+	2 863,02			+	1 509,45
		78 678,95				41 481,40
	−	10 353,89			−	11 069,42
2e année....		68 325,06		7e année....		30 411,98
	+	2 580,14			+	1 148,44
		70 905,20				31 560,42
	−	1 234,38			−	497,40
		69 670,82				31 063,02
	+	2 630,96			+	1 173,02
		72 301,78				32 236,04
	−	10 488,67			−	11 225,65
3e année....		61 813,11		8e année....		21 010,39
	+	2 334,23			+	793,41
		64 147,34				21 803,80
	−	1 095,57			−	336,48
		63 051,77				21 467,32
	+	2 381,01			+	810,67
		65 432,78				22 277,99
	−	10 627,48			−	11 386,57
4e année....		54 805,30		9e année....		10 891,42
	+	2 069,60			+	411,29
		56 874,90				11 302,71
	−	952,59			−	170,72
		55 922,31				11 131,99
	+	2 111,78			+	420,37
		58 034,09		10e année....		11 552,36
	−	10 770,46			−	11 552,33
5e année....		47 263,63		Erreur........	+	0,03

5.

N° 8.

Reprenons le cas de l'emprunt de 100 000 francs remboursable par annuités en dix années rapportant 3 pour 100 d'intérêts et émis à 80 000 francs. Supposons maintenant le capital aliéné et cherchons le prix de revient semestriel.

Il faudra prendre la formule

$$\Sigma_t = C\,[(1 + I_2)^{2t} - 1],$$

d'où

$$C = \frac{\Sigma_t}{(1 + I_2)^{2t} - 1]}.$$

Il faut, comme précédemment, résoudre cette équation par approximation par rapport à I_2 au moyen de la méthode des substitutions successives en employant les logarithmes.

Le logarithme du premier membre étant constant, il faut déterminer la valeur de I_2 qui rend le logarithme du second membre équivalent à celui du premier; on arrive ainsi à la valeur de $I_2 = 0,071\,190\,19$. Il n'y a plus qu'à dresser le tableau de vérification ainsi qu'il suit : On partira du chiffre de la somme encaissée, soit 80 000 francs. Chaque semestre, on ajoute les intérêts au taux du prix de revient calculés sur le résidu du semestre précédent, et on retranche les payements promis aux créanciers. Ces payements sont les mêmes que dans l'exemple précédent, ils sont calculés à l'Annexe n° **6**.

A la fin de l'opération, on devra avoir la même somme qu'au début, soit 80 000 francs.

Dans le cours de l'opération, le résidu annuel descend d'abord au-dessous de cette somme pour y remonter ensuite : c'est la *différence* dont il est parlé dans le texte, et qui est étudiée algébriquement à l'Annexe n° **10**.

N.º 9.

Tableau de vérification.

	fr			fr
	80 000,00		5.e année....	79 883,09
+	5 695,21		+	5 686,89
	85 695,21			85 569,98
—	1 500,00		—	805,32
	84 195,21			84 764,66
+	5 993,87		+	6 034,41
	90 189,08			90 799,07
—	10 223,05		—	10 917,73
1.re année....	79 966,03		6.e année....	79 881,34
+	5 692,79		+	5 686,76
	85 658,82			85 568,10
—	1 369,16		—	653,63
	84 289,66			84 914,47
+	6 000,59		+	6 045,07
	90 290,25			90 959,54
—	10 353,89		—	11 069,42
2.e année....	79 936,36		7.e année....	79 890,12
+	5 690,68		+	5 687,39
	85 627,04			85 577,51
—	1 234,38		—	497,40
	84 392,66			85 080,11
+	6 007,93		+	6 056,87
	90 400,59			91 136,98
—	10 488,67		—	11 225,65
3.e année....	79 911,92		8.e année....	79 911,33
+	5 688,94		+	5 688,90
	85 600,86			85 600,23
—	1 095,57		—	336,48
	84 505,29			85 263,75
+	6 015,94		+	6 069,94
	90 521,23			91 333,69
—	10 627,48		—	11 386,57
4.e année....	79 893,75		9.e année....	79 947,12
+	5 687,65		+	5 691,45
	85 581,40			85 638,57
—	952,59		—	170,72
	84 628,81			85 467,85
+	6 024,74		+	6 084,47
	90 653,55			91 552,32
—	10 770,46		—	11 552,33
5.e année....	79 883,09		10.e année....	80 000,00
			Erreur.......	0,01

N° 10.

Détermination algébrique de l'avance ou différence δ_k. Époque et quotité de son maximum.

Appelons R_k le résidu à la fin de la $k^{ième}$ année; d'après la construction du tableau de vérification et son économie définie dans le Chapitre premier, on a

$$R_k = C(1 + I)^k - \Sigma_k.$$

Prenons la différence des deux membres de cette équation à C,

$$C - R_k = \Sigma_k - C[(1 + I)^k - 1],$$

ou

$$\delta_k = \Sigma_k - C[(1 + I)^k - 1].$$

Or on a aussi

$$\Sigma_t = C[(1 + I)^t - 1].$$

En éliminant C entre ces deux équations,

$$\delta_k = \frac{\Sigma_k[(1 + I)^t - 1] - \Sigma_t[(1 + I)^k - 1]}{(1 + I)^t - 1}.$$

En remplaçant Σ_k et Σ_t par leurs expressions données ci-dessus (Annexe n° 5) et réduisant, on obtient la formule

$$\delta_k = \frac{(a - A\,i)[(1+I)^{0,5} - 1]\left\{[(1+I)^k - 1][(1+I)^t - (1+i)^t] - [(1+I)^t - 1][(1+I)^k - (1+i)^k]\right\}}{2(I - i)[(1+I)^t - 1]}.$$

Le signe de δ_k dépend de celui de la parenthèse; on aura donc

$$\delta_k \gtrless 0,$$

si

$$[(1+I)^k - 1][(1+I)^t - (1+i)^t] \gtrless [(1+I)^t - 1][(1+I)^k - (1+i)^k],$$

ou

$$\frac{(1+I)^t - (1+i)^t}{(1+I)^k - (1+i)^k} \gtrless \frac{(1+I)^t - 1}{(1+I)^k - 1}.$$

Mais le premier quotient est

$$(1+I)^{t-k} + (1+I)^{t-2k}(1+i)^k + (1+I)^{t-3k}(1+i)^{2k} \ldots$$

Le second est

$$(1+I)^{t-k} + (1+I)^{t-2k} + \ldots$$

Donc le premier est plus grand que le second ; donc δ_k est positif, c'est-à-dire que Σ_k est généralement plus grand que la quantité $C\left[(1 + I)^k - 1\right]$, et que le résidu annuel est généralement plus faible que C.

Mais pour
$$k = 0, \qquad \delta_k = 0,$$
et pour
$$k = t, \qquad \delta_k = 0.$$

Donc il y a concordance, à l'origine comme à la fin de l'opération, entre les quantités dont nous venons de parler ; il faut en conclure qu'il y a un écart maximum dans l'intervalle.

On peut écrire

$$\delta_k = \frac{(a - A i)\left[(1+I)^{0,5} - 1\right]\left\{(1+i)^k\left[(1+I)^t - 1\right] - (1+I)^k\left[(1+i)^t - 1\right] - \left[(1+I)^t - (1+i)^t\right]\right\}}{2(I - i)\left[(1+I)^t - 1\right]}.$$

La condition de maximum revient à celle-ci

$$\frac{\log(1 + i)(1+i)^k\left[(1+I)^t - 1\right]}{\log e} = \frac{\log(1 + I)(1+I)^k\left[(1+i)^t - 1\right]}{\log e}.$$

ou

$$\left[\frac{1+i}{(1+I)}\right]^k = \frac{\log(1 + I)\left[(1+i)^t - 1\right]}{\log(1 + i)\left[(1+I)^t - 1\right]},$$

$$k\left[\log(1 + i) - \log(1 + I)\right]$$
$$= \log \cdot \log(1 + I) + \log\left[(1+i)^t - 1\right] - \log \cdot \log(1 + i) - \log\left[(1+I)^t - 1\right],$$

d'où

$$k = \frac{\log \cdot \log(1 + i) + \log\left[(1+I)^t - 1\right] - \log \cdot \log(1 + I) - \log\left[(1+i)^t - 1\right]}{\log(1 + I) - \log(1 + i)}.$$

Dans l'exemple qui nous occupe, la substitution numérique des valeurs dans la formule qui précède donne un nombre plus près de 6 que de 5. En effet, en faisant $k = 6$ dans la valeur de δ_k, on trouve $\delta_k = 118^{\text{fr}},66$, qui est bien la différence $C - R_6$ et la différence maximum.

Il ne faut pas confondre cette différence δ_k avec les avances et retraits de fonds que nous allons indiquer ci-après. La différence δ_k n'est en réalité autre chose que la somme algébrique des avances et retraits *annuels antérieurs* capitalisés avec leur signe au taux du prix de revient à la fin de l'année considérée.

Nous aurons besoin tout à l'heure de l'expression algébrique de $\Sigma_k - \delta_k$. En prenant les valeurs trouvées précédemment, on a

$$\Sigma_k - \delta_k = C\left[(1+I_2)^{2k} - 1\right],$$

$$\Sigma_k - \delta_k = \frac{\left[(1+I_2)^{2k}-1\right]\left\{a\left[(1+I_2)^2-(1+i)\right]\left[(1+I_2)^{2t}-1\right]-(a-Ai)I_2^2\left[(1+I_2)^{2t}-(1+i)^t\right]\right\}}{2\,I_2\left[(1+I_2)^2-(1+i)\right]\left[(1+I_2)^{2t}-1\right]}.$$

N° 11.

Tableau de vérification des opérations de l'emprunt à capital aliéné et réduit à l'émission. Avances et retraits de fonds opérés dans la pratique.

On ajoute dans ce tableau les intérêts semestriels au taux $I_2 = 0{,}071\,190\,19$. On retranche les payements faits aux bailleurs de fonds; on ajoute ensuite à la fin de chaque année, ou l'on retranche, ce qui est nécessaire pour maintenir le résidu annuel au chiffre du capital encaissé, c'est-à-dire faire le service des intérêts et de l'amortissement. Je fais ressortir les avances et les retraits de fonds que je capitalise ensuite séparément : leur différence est nulle.

	fr		fr
	80 000,00		80 000,00
	+ 5 695,21		+ 5 695,21
	85 695,21		85 695,21
	— 1 500,00		— 1 234,38
	84 195,21		84 460,83
	+ 5 993,87		+ 6 012,78
	90 189,08		90 473,61
	— 10 223,05		— 10 488,67
	79 966,03		79 984,94
1re année + avance 33^{fr},97..	+ 33,97	3e année + avance 15^{fr},06..	+ 15,06
	80 000,00		80 000,00
	+ 5 695,21		+ 5 695,21
	85 695,21		85 695,21
	— 1 369,16		— 1 095,57
	84 326,05		84 599,64
	+ 6 003,18		+ 6 022,66
	90 329,23		90 622,30
	— 10 353,89		— 10 627,48
	79 975,34		79 994,82
2e année + avance 24^{fr},66..	+ 24,66	4e année + avance 5^{fr},18..	+ 5,18
	80 000,00		80 000,00

		fr				fr
		80 000,00				80 000,00
	+	5 695,21			+	5 695,21
		85 695,21				85 695,21
	—	952,59			—	497,40
		84 742,62				85 197,81
	+	6 032,84			+	6 065,25
		90 775,46				91 263,06
	—	10 770,46			—	11 225,65
		80 005,00				80 037,41
5e année — retrait 5fr,00 ..	—	5,00	8e année — retrait 37fr,28 ..	—	37,41
		80 000,00				80 000,00
	+	5 695,21			+	5 695,21
		85 695,21				85 695,21
	—	805,32			—	336,48
		84 889,89				85 358,73
	+	6 043,32			+	6 076,70
		90 933,21				91 435,43
	—	10 917,73			—	11 386,57
		80 015,48				80 048,86
6e année — retrait 15fr,48 ..	—	15,48	9e année — retrait 48fr,86 ..	—	48,86
		80 000,00				80 000,00
	+	5 695,21			+	5 695,21
		85 695,21				85 695,21
	—	653,63			—	170,72
		85 041,58				85 524,49
	+	6 054,12			+	6 088,50
		91 095,70				91 612,99
	—	11 069,42			—	11 552,33
		80 026,28				80 060,66
7e année — retrait 26fr,28 ..	—	26,28	10e année — retrait 60fr,66 ..	—	60,66
		80 000,00				80 000,00

On peut capitaliser ensuite les avances et les retraits, toujours d'après la même méthode, c'est-à-dire en ajoutant les intérêts semestriels au même taux que ci-dessus ; et, en ajoutant ou retranchant l'avance ou le retrait de fonds suivant, on obtient le même résultat qu'en capitalisant jusqu'à la fin de l'opération les avances d'une part et les retraits de l'autre, et en faisant la différence qui doit être nulle.

33,97 fr	106,24 fr	109,88 fr
+ 5,01	+ 15,66	+ 16,20
38,98	121,90	126,08
+ 24,66	— 5,00	— 37,41
63,64	116,90	88,67
+ 9,38	+ 17,24	+ 13,07
73,02	134,14	101,74
+ 15,06	— 15,48	— 48,86
88,08	118,66	52,88
+ 12,98	+ 17,50	+ 7,79
101,06	136,16	60,67
+ 5,18	— 26,28	— 60,66
106,24	109,88	Erreur.. 0,01

N° 12.

Recherche analytique des avances et retraits de fonds nécessaires au service des intérêts et de l'amortissement dans le cas des emprunts à capital aliéné et à émission réduite, lorsque l'on suit dans la pratique le tableau des payements calculés d'après la formule des annuités qui se rapporte à un seul payement annuel.

En continuant les notations précédemment employées, et en appelant x_1, x_2,..., x_k la différence qu'éprouve le capital C au tableau de vérification n° **11**, on obtient pour chaque année le système d'équations suivant :

$$1^{re}\text{ année}\ldots\ldots\left[C(1+I_2) - \frac{a-(a-Ai)\times 1}{2}\right](1+I_2) - \frac{a+(a-Ai)\times 1}{2} = C - x_1,$$

$$2^e\text{ année}\ldots\ldots\left[C(1+I_2) - \frac{a-(a-Ai)(1+i)}{2}\right](1+I_2) - \frac{a+(a-Ai)(1+i)}{2} = C - x_2,$$

$$3^e\text{ année}\ldots\ldots\left[C(1+I_2) - \frac{a-(a-Ai)(1+i)^2}{2}\right](1+I_2) - \frac{a+(a-Ai)(1+i)^2}{2} = C - x_3,$$

$$\ldots\ldots\ldots\ldots\ldots\ldots\ldots\ldots\ldots\ldots\ldots\ldots\ldots\ldots\ldots\ldots$$

$$(k-1)^{ième}\text{ année.}\left[C(1+I_2) - \frac{a-(a-Ai)(1+i)^{k-2}}{2}\right](1+I_2) - \frac{a+(a-Ai)(1+i)^{k-2}}{2} = C - x_{k-1},$$

$$k^{ième}\text{ année}\ldots\ldots\left[C(1+I_2) - \frac{a-(a-Ai)(1+i)^{k-1}}{2}\right](1+I_2) - \frac{a+(a-Ai)(1+i)^{k-1}}{1} = C - x_k,$$

$$\ldots\ldots\ldots\ldots\ldots\ldots\ldots\ldots\ldots\ldots\ldots\ldots\ldots\ldots\ldots\ldots$$

Si l'on retranche une équation quelconque de la suivante, on obtient

$$\frac{(1 + I_2)(a - Ai)(1 + i)^{k-2} i}{2} - \frac{(a - Ai)(1 + i)^{k-2} i}{2} = x_{k-1} - x_k,$$

c'est-à-dire

$$\frac{(a - Ai)(1 + i)^{k-2} i I_2}{2} = x_{k-1} - x_k$$

ou

$$x_k = x_{k-1} - \frac{(a - Ai) i I_2 (1 + i)^{k-2}}{2}.$$

Donc, comme la première équation ne contient que x_1 et que cette formule permet de passer d'une différence à la suivante, on formera sans peine le tableau suivant :

$$x_1 = \left(\frac{a}{2} - CI_2\right)(2 + I_2) - \frac{a - Ai}{2} I_2 \times 1,$$

$$x_2 = \left(\frac{a}{2} - CI_2\right)(2 + I_2) - \frac{a - Ai}{2} I_2 (1 + i),$$

$$x_3 = \left(\frac{a}{2} - CI_2\right)(2 + I_2) - \frac{a - Ai}{2} I_2 (1 + i)^2,$$

$$\dots \dots \dots \dots \dots \dots \dots \dots \dots \dots$$

$$x_k = \left(\frac{a}{2} - CI_2\right)(2 + I_2) - \frac{a - Ai}{2} I_2 (1 + i)^{k-1},$$

$$\dots \dots \dots \dots \dots \dots \dots \dots \dots \dots$$

$$x_l = \left(\frac{a}{2} - CI_2\right)(2 + I_2) - \frac{a - Ai}{2} I_2 (1 + i)^{l-1}.$$

On voit que chaque valeur se compose d'une quantité constante d'où l'on déduit une quantité croissante.

On voit aisément que, si la valeur est positive, c'est que l'avance doit avoir lieu de cette quantité même ; si elle est négative, elle correspond à un retrait à faire.

Nous allons montrer que ces quantités rapportées au taux composé I_2 à la fin de l'année $k^{ième}$ donnent une somme toujours identique à la valeur δ_k, et comme celle-ci est nulle pour $k = l$, ainsi qu'on l'a vu précédemment, la démonstration sera faite.

En faisant la sommation d'une manière identique à celle déjà employée, et

6.

appelant S_k le résultat de cette sommation, on a

$$S_k = \left(\frac{a}{2} - CI_2\right)(2 + I_2)\left[\frac{(1+I_2)^{2k}-1}{(1+I_2)^2-1}\right] - \left(\frac{a-Ai}{2}\right)I_2\left[\frac{(1+I_2)^{2k}-(1+i^k)}{(1+I_2)^2-(1+i)}\right],$$

$$S_k = \frac{2[(1+I_2)^2-(1+i)]\left(\frac{a}{2}-CI_2\right)(2+I_2)[(1+I_2)^{2k}-1]-[(1+I_2)^2-1](a-Ai)I_2[(1+I_2)^{2k}-(1+i)^k]}{2[(1+I_2)^2-1][(1+I_2)^2-(1+i)]};$$

mais

d'où
$$\delta_k = \Sigma_k - C[(1+I_2)^{2k}-1];$$

$$C = \frac{\Sigma_k - \delta_k}{(1+I_2)^{2k}-1}.$$

Substituant la valeur de $\Sigma_k - \delta_k$ et multipliant par I_2,

$$CI_2 = \frac{a[(1+I_2)^2-(1+i)][(1+I_2)^{2t}-1]-(a-Ai)I_2^2[(1+I_2)^{2t}-(1+i)^t]}{2[(1+I_2)^2-(1+i)][(1+I_2)^{2t}-1]},$$

$$\Sigma_k = \frac{2[(1+I_2)^2-(1+i)]\left\{\frac{a}{2}-\frac{a[(1+I_2)^2-(1+i)][(1+I_2)^{2t}-1]-(a-Ai)I_2^2[(1+I_2)^{2t}-(1+i)^t]}{2[(1+I_2)^2-(1-i)][(1+I_2)^{2t}-1]}\right\}(2+I_2)[(1+I_2)^{2k}-1] - [(1-I_2)^2-1](a-Ai)I_2[(1+I_2)^{2k}-(1-i^k)]}{2[(1+I_2)^2-(1+i)][(1+I_2)^2-1]},$$

réduisant et chassant le dénominateur,

$$S_k = \frac{(a-Ai)I_2^2[(1+I_2)^{2t}-(1+i)^t](2+I_2)[(1+I_2)^{2k}-1]-[(1+I_2)^{2t}-1][(1+I_2)^2-1](a-Ai)I_2[(1+I_2)^{2k}-(1+i)^k]}{2[(1+I_2)^2-1][(1+I_2)^2-(1+i)][(1+I_2)^{2t}-1]},$$

$$S_k = \frac{(a-Ai)I_2\{I_2(2+I_2)[(1+I_2)^{2t}-(1+i)^t][(1+I_2)^{2k}-1]-[(1+I_2)^2-1][(1+I_2)^{2k}-(1+i)^k][(1+I_2)^{2t}-1]\}}{2[(1+I_2)^2-1][(1+I_2)^2-(1+i)][(1+I_2)^{2t}-1]};$$

or
$$I_2(2+I_2) = (1+I_2)^2-1,$$

donc

$$S_k = \frac{(a-Ai)I_2\{[(1+I_2)^{2t}-(1+i)^t][(1+I_2)^{2k}-1]-[(1+I_2)^{2k}-(1+i)^k][(1+I_2)^{2t}-1]\}}{2[(1+I_2)^2-(1+i)][(1+I_2)^{2t}-1]} = \delta_k.$$

C. Q. F. D.

N° 13.

Application de la formule du prix de revient à la détermination du taux d'émission des obligations émises par les Compagnies industrielles (capital aliéné).

La formule $C = \dfrac{\Sigma_t}{(1 + I_2)^{2t} - 1}$ revient à celle-ci :

$$C = \frac{a[(1 + I_2)^2 - (1 + i)][(1 + I_2)^{2t} - 1] - (a - Ai)I_2^2[(1 + I_2)^{2t} - (1 + i)^t]}{2I_2[(1 + I_2)^2 - (1 + i)][(1 + I_2)^{2t} - 1]}.$$

Dans les emprunts divisés en obligations, on partage le capital A en N obligations d'une valeur nominale O. Soit E la valeur à l'émission, on a

$$A = NO,$$
$$C = NE,$$
$$a - Ai = \frac{a}{(1 + i)^t},$$
$$a = \frac{NOi(1 + i)^t}{(1 + i)^t - 1}.$$

En faisant la substitution de ces valeurs et les réductions, il vient

$$E = \Theta i \frac{(1 + i)^t[(1 + I_2)^2 - (1 + i)][(1 + I_2)^{2t} - 1] - I_2^2[(1 + I_2)^{2t} - (1 + i)^t]}{2I_2[(1 + I^2)^2 - (1 + i)][(1 + I_2)^{2t} - 1][(1 + i)^t - 1]},$$

ou encore

$$E = Oi \frac{(1 + i)^t(I - i)[(1 + I)^t - 1] - [(1 + I)^{0,5} - 1]^2[(1 + I)^t - (1 + i)^t]}{2[(1 + I)^{0,5} - 1](I - i)[(1 + I)^t - 1][(1 + i)^t - 1]}.$$

En donnant à I des valeurs successives, cette dernière formule peut donner une table des valeurs correspondantes de E.

La première est la plus simple ; seulement il faut former la valeur de I au moyen de la formule

$$I = (1 + I_2)^2 - 1.$$

C'est sur ces données qu'a été construite la table suivante des valeurs d'émission des obligations au taux nominal de 500 francs rapportant 15 francs d'intérêt payables en deux fois, pour une période de quatre-vingts ans à quatre-vingt-dix ans, et des prix de revient de 5 pour 100 à 6 pour 100 de dixième en dixième.

Pour donner un exemple de la puissance de l'intérêt composé pour une période assez longue, il n'est pas sans intérêt de comparer les valeurs à l'émission, dans les mêmes circonstances, de valeur nominale, de prix de revient et de durée de l'emprunt, soit à capital non aliéné, soit à capital aliéné. En appelant C' et C'' ces valeurs, on a :

$$C'(1+I)^t = \Sigma_t,$$

pour le cas du capital non aliéné;

$$C''[(1+I)^t - 1] = \Sigma_t,$$

pour le cas du capital aliéné.

Retranchant :

$$C'' - C' = d = \frac{C''}{(1+I)^t},$$

d'où

$$d(1+I)^t = C'',$$

c'est-à-dire que, pour passer de la formule du capital non aliéné à celle du capital aliéné, il suffit d'accroître le chiffre de l'émission d'une quantité qui, capitalisée au prix de revient pendant le temps de l'opération, donne précisément ce nouveau chiffre d'émission; ce qui est évident, puisque cette somme reconstitue la valeur à l'émission.

Cet accroissement est relativement.très-faible. Ainsi, si l'on prend le prix de revient de 5 pour 100 et la période de quatre-vingts ans, le chiffre d'émission à capital non aliéné serait de . . . . $327^{fr},68^c,8$
A capital aliéné, il est de. . . . . $334^{fr},43^c,6$

Différence. . . . . $6^{fr},74^c,8$

Cette différence, capitalisée à 5 pour 100 pendant quatre-vingts ans, donne

$$6^{fr},748 \times \overline{1,05}^{80} = 334^{fr},44.$$

Nº 14.

Table des valeurs à l'émission des obligations au capital nominal de 500 francs rapportant 15 francs d'intérêts annuels payables en deux fois, remboursables dans une période de quatre-vingts à quatre-vingt-dix ans. — Prix de revient annuel. — Rapport de l'annuité, telle qu'on la calcule dans la pratique, au capital encaissé réellement (capital aliéné).

PRIX de revient annuel.	VALEUR à l'émission.	RAPPORT de l'annuité ordinaire au capital encaissé.	PRIX de revient annuel.	VALEUR à l'émission.	RAPPORT de l'annuité ordinaire au capital encaissé.
$t = 80.$			$t = 83.$		
Pour 100. fr fr			Pour 100. fr fr		
5	334,44	0,049 504	5	331,57	0,049 495
5,1	327,95	0,050 483	5,1	325,14	0,050 474
5,2	321,71	0,051 461	5,2	318,96	0,051 452
5,3	315,71	0,052 439	5,3	313,02	0,052 430
5,4	309,94	0,053 417	5,4	307,29	0,053 407
5,5	304,37	0,054 394	5,5	301,77	0,054 384
5,6	299,00	0,055 371	5,6	296,45	0,055 361
5,7	293,82	0,056 347	5,7	291,31	0,056 337
5,8	288,82	0,057 323	5,8	286,35	0,057 312
5,9	283,99	0,058 298	5,9	281,56	0,058 287
6	279,31	0,059 273	6	276,93	0,059 262
$t = 81.$			$t = 84.$		
5	333,45	0,049 501	5	330,68	0,049 493
5,1	326,98	0,050 480	5,1	324,27	0,050 471
5,2	320,76	0,051 458	5,2	318,11	0,051 449
5,3	314,78	0,052 436	5,3	312,18	0,052 427
5,4	309,02	0,053 414	5,4	306,47	0,053 404
5,5	303,47	0,054 392	5,5	300,96	0,054 381
5,6	298,12	0,055 367	5,6	295,65	0,055 357
5,7	292,96	0,056 344	5,7	290,53	0,056 333
5,8	287,97	0,057 319	5,8	285,59	0,057 309
5,9	283,15	0,058 295	5,9	280,81	0,058 284
6	278,49	0,059 270	6	279,19	0,059 258
$t = 82.$			$t = 85.$		
5	332,49	0,049 498	5	329,83	0,049 490
5,1	326,05	0,050 477	5,1	323,43	0,050 469
5,2	319,85	0,051 455	5,2	317,28	0,051 447
5,3	313,88	0,051 433	5,3	311,37	0,052 424
5,4	308,14	0,053 410	5,4	305,67	0,053 401
5,5	302,60	0,054 387	5,5	300,18	0,054 378
5,6	297,26	0,055 364	5,6	294,89	0,055 354
5,7	292,12	0,056 340	5,7	289,78	0,056 330
5,8	287,15	0,057 316	5,8	284,85	0,057 305
5,9	282,34	0,058 291	5,9	280,08	0,058 280
6	277,70	0,059 266	6	275,47	0,058 255

Suite de la table.

PRIX de revient annuel.	VALEUR à l'émission.	RAPPORT de l'annuité ordinaire au capital encaissé.
$t = 86$.		
Pour 100.	fr	fr
5	329,00	0,049 487
5,1	322,62	0,050 466
5,2	316,49	0,051 444
5,3	310,59	0,052 421
5,4	304,91	0,053 398
5,5	299,43	0,054 375
5,6	294,15	0,055 351
5,7	289,05	0,056 327
5,8	284,13	0,057 302
5,9	279,38	0,058 277
6	274,79	0,059 251
$t = 87$.		
5	328,20	0,049 485
5,1	321,84	0,050 463
5,2	315,72	0,051 441
5,3	309,83	0,052 419
5,4	304,16	0,053 396
5,5	298,70	0,054 372
5,6	293,43	0,055 348
5,7	288,35	0,056 324
5,8	283,44	0,057 299
5,9	278,70	0,058 274
6	274,12	0,059 248
$t = 88$.		
5	327,43	0,049 483
5,1	321,08	0,050 461
5,2	314,98	0,051 439
5,3	309,11	0,052 416
5,4	303,45	0,053 393
5,5	298,00	0,054 369

PRIX de revient annuel.	VALEUR à l'émission.	RAPPORT de l'annuité ordinaire au capital encaissé.
$t = 88$.		
Pour 100.	fr	fr
5,6	292,74	0,055 345
5,7	287,67	0,056 321
5,8	282,78	0,057 296
5,9	278,05	0,058 271
6	273,48	0,059 245
$t = 89$.		
5	326,68	0,049 480
5,1	320,35	0,050 458
5,2	314,26	0,051 436
5,3	308,40	0,052 413
5,4	302,76	0,053 390
5,5	297,32	0,054 366
5,6	292,08	0,055 342
5,7	287,02	0,056 318
5,8	282,12	0,057 293
5,9	277,41	0,058 267
6	272,85	0,059 241
$t = 90$.		
5	325,96	0,049 478
5,1	319,64	0,050 456
5,2	313,56	0,051 434
5,3	307,72	0,052 411
5,4	302,09	0,053 387
5,5	296,66	0,054 363
5,6	291,43	0,055 339
5,7	286,38	0,056 315
5,8	281,51	0,057 290
5,9	276,80	0,058 264
6	272,25	0,059 238

N° 15.

Mode d'amortissement à annuité constante pour les emprunts à capital réduit dont les intérêts sont payés chaque année en plusieurs fois. (Capital aliéné : deux payements semestriels.)

Soit toujours A le capital nominal, i_2 le taux de l'intérêt semestriel payé sur le capital non amorti, I_2 le taux du prix de revient semestriel de l'opération, a_1, a_2,.... a_k l'amortissement effectué à la fin des années successives.

On doit toujours avoir à la fin de chaque année le capital C; donc la traduction algébrique du tableau de vérification sera chaque année :

1re année.. $[C(1+I_2) - Ai_2](1+I_2) - (Ai_2 + a_1) = C,$

2e année.. $[C(1+I_2) - (A - a_1)i_2](1+I_2) - [(A - a_1)i_2 + a_2] = C,$

3e année.. $[C(1+I_2) - (A - a_1 - a_2)i_2](1+I_2) - [(A - a_1 - a_2)i_2 + a_3] = C,$

$\ldots\ldots\ldots\ldots\ldots\ldots\ldots\ldots\ldots\ldots\ldots\ldots\ldots\ldots\ldots\ldots$

$h^{ième}$ année. $[C(1+I_2) - (A - a_1 - a_2 - \ldots - a_{k-1})i_2](1+I_2) - [(A - a_1 - a_2 - \ldots - a_{k-1})i_2 + a_k] = C,$

$\ldots\ldots\ldots\ldots\ldots\ldots\ldots\ldots\ldots\ldots\ldots\ldots\ldots\ldots\ldots\ldots$

$t^{ième}$ année. $[C(1+I_2) - (A - a_1 - a_2 - \ldots - a_{t-1})i_2](1+I_2) - [(A - a_1 - a_2 - \ldots - a_{t-1})i_2 + a_t] = C.$

La première équation ne contient que a_1; on en tire donc

$$a_1 = (CI_2 - Ai_2)(2 + I_2).$$

Si l'on retranche chaque équation de la précédente, on obtient

$$- a_1 i_2(1+I_2) - a_1 i_2 + a_2 - a_1 = 0, \qquad \text{d'où} \quad a_2 = a_1[1 + i_2(2 + I_2)],$$

$$- a_2 i_2(1+I_2) - a_2 i_2 + a_3 - a_2 = 0, \qquad \text{d'où} \quad a_3 = a_2[1 + i_2(2 + I_2)],$$

$$\ldots\ldots\ldots\ldots\ldots\ldots\ldots\ldots, \qquad\qquad \ldots\ldots\ldots\ldots\ldots\ldots,$$

$$- a_{k-1} i_2(1+I_2) - a_{k-1} i_2 + a_k - a_{k-1} = 0, \qquad \text{d'où} \quad a_k = a_{k-1}[1 + i_2(2 + I_2)],$$

$$\ldots\ldots\ldots\ldots\ldots\ldots\ldots\ldots \qquad\qquad \ldots\ldots\ldots\ldots\ldots\ldots$$

$$- a_{t-1} i_2(1+I_2) - a_{t-1} i_2 + a_t - a_{t-1} = 0, \qquad \text{d'où} \quad a_t = a_{t-1}[1 + i_2(2 + I_2)].$$

On voit donc que l'on passe d'une des quantités annuelles de l'amortissement à la suivante en multipliant la précédente par le facteur constant

$$[1 + i_2(2 + I_2)];$$

on a donc, en appelant φ le facteur constant,

$$a_1 + a_2 + \ldots + a_t = A = a_1(1 + \varphi + \varphi^2 + \ldots + \varphi^{t-1}) = a_1 \frac{\varphi^t - 1}{\varphi - 1}.$$

7

En remplaçant la quantité φ par sa valeur et réduisant

$$A = \frac{(CI_2 - A i_2)\{[1 + i_2(2 + I_2)]^t - 1\}}{i_2}.$$

Telle est l'équation du problème à résoudre par rapport à I_2.

On peut y joindre deux formules utiles, savoir :

$$a_k = (CI_2 - A i_2)(2 + I_2)[1 + i_2(2 + I_2)]^{k-1}$$

et

$$(A - a_1 - a_2 - \ldots - a_{k-1}) i_2 = \frac{C[(1 + I_2)^2 - 1] - a_k}{2 + I_2} = CI_2 - (CI_2 - A i_2)[1 + i_2(2 + I_2)]^{k-1}.$$

Il est facile de montrer que la somme dépensée réellement par année pour le service de l'emprunt reste constante. Prenons l'année quelconque, la $k^{ième}$: on paye, y compris le prix de revient,

$$(A - a_1 - a_2 - \ldots - a_{k-1}) i_2(2 + I_2) + a_k,$$

et, d'après les formules ci-dessus, cela équivaut à

$$\{CI_2 - (CI_2 - A i_2)[1 + i_2(2 + I_2)]^{k-1}\}(2 + I_2) + (CI_2 - A i_2)(2 + I_2)[1 + i_2(2 + I_2)]^{k-1},$$

c'est-à-dire

$$CI_2(2 + I_2) = CI,$$

quantité constante et que l'on doit considérer comme l'*annuité*.

On peut maintenant reprendre l'exemple numérique de l'emprunt de 100 000 francs à capital aliéné émis à 80 000 francs pour dix ans, les intérêts étant servis aux bailleurs de fonds à raison de $1\frac{1}{2}$ pour 100 par semestre.

La résolution de l'équation du problème donne

$$I_2 = 0,0711383;$$

formons ensuite le tableau des intérêts et de l'amortissement, d'après les formules ci-dessus, on obtient les résultats suivants à l'Annexe n° **16**.

N° 16.

Tableau des intérêts et de l'amortissement de l'emprunt à capital réduit dont l'annuité est constante malgré le payement semestriel des intérêts. (Capital aliéné.)

ANNÉES.	INTÉRÊTS au 1er semestre.	AMORTISSEMENT annuel.	PAYEMENT à faire au 2e semestre.	COMPOSITION DE L'ANNUITÉ.			
				PAYEMENT au 1er semestre.	INTÉRÊTS au taux $I_2 = 0{,}071\,138\,3$.	PAYEMENT au 2e semestre.	TOTAL.
	fr	fr	fr	fr	fr	fr	fr
1re année..	1 500,000	8 680,272	10 180,272	1 500,000	106,708	10 180,272	11 786,980
2e année..	1 369,796	8 949,943	10 319,739	1 389,796	97,445	10 319,739	11 786,980
3e année..	1 235,547	9 227,992	10 463,539	1 235,547	87,894	10 463,539	11 786,980
4e année..	1 097,128	9 514,678	10 611,806	1 097,128	78,046	10 611,806	11 786,980
5e année..	954,407	9 810,272	10 764,679	954,407	67,894	10 764,679	11 786,980
6e année..	807,253	10 115,048	10 922,301	807,253	57,426	10 922,301	11 786,980
7e année..	655,527	10 429,293	11 084,820	655.527	46,633	11 084,820	11 786,980
8e année..	499,088	10 753,301	11 252,389	499,088	35,503	11 252,389	11 786,980
9e année..	337,788	11 087,375	11 425,163	337,788	24,029	11 425,163	11 786,980
10e année..	171,478	11 431,826	11 603,304	171,478	12,198	11 603,304	11 786.980
	8 628,012	100 000,000	108 628,012	8 628,012	613,776	108 628,012	117 869,800

N° 17.

Tableau de vérification de l'annuité constante. Intérêts payés à la fin de chaque semestre.

On ajoute chaque semestre l'intérêt calculé sur le résidu au taux

$$I_2 = 0{,}071\,138\,3,$$

et on retranche les payements classés au tableau précédent.

	fr			fr
	80 000,000		1re année...	80 000,000
	+ 5 691,064			— 5 691,064
	85 691,064			85 691,064
	— 1 500,000			— 1 369,796
	84 191,064			84 321,268
	+ 5 989,208			+ 5 998,471
	90 180,272			90 319,739
	— 10 180,272			— 10 319.739
1re année...	80 000,000		2e année...	80 000,000

	fr			fr
2ᵉ année...	80 000,000		6ᵉ année...	80 000,000
	+ 5 691,064			+ 5 691,064
	85 691,064			85 691,064
	— 1 235,547			— 655,527
	84 455,517			85 035,537
	+ 6 008,022			+ 6 049,283
	90 463,539			91 084,820
	— 10 463,539			— 11 084,820
3ᵉ année...	80 000,000		7ᵉ année...	80 000,000
	+ 5 691,064			+ 5 691,064
	85 691,064			85 691,064
	— 1 097,128			— 499,088
	84 593,936			85 191,976
	+ 6 017,870			+ 6 060,413
	90 611,806			91 252,389
	— 10 611,806			— 11 252,389
4ᵉ année...	80 000,000		8ᵉ année...	80 000,000
	+ 5 691,064			+ 5 691,064
	85 691,064			85 691,064
	— 954,407			— 337,788
	84 736,657			85 353,276
	+ 6 028,022			+ 6 071,887
	90 764,679			91 425,163
	— 10 764,679			— 11 425,163
5ᵉ année...	80 000,000		9ᵉ année...	80 000,000
	+ 5 691,064			+ 5 691,064
	85 691,064			85 691,064
	— 807,253			— 171,478
	84 883,811			85 519,586
	+ 6 038,490			+ 6 083,718
	90 922,301			91 603,304
	— 10 922,301			— 11 603,304
6ᵉ année...	80 000,000		10ᵉ année...	80 000,000

ERRATUM.

Page 14, ligne 7, *au lieu de* emprunteurs, *lisez* prêteurs.

PARIS. — IMPRIMERIE DE GAUTHIER-VILLARS, SUCCESSEUR DE MALLET-BACHELIER.
Rue de Seine-Saint-Germain, 10, près l'Institut.

PARIS.—IMPRIMERIE DE GAUTHIER-VILLARS,
Rue de Seine-Saint-Germain, 10, près l'Institut.